蒙台梭利家教方案

0~5岁

叶婷 著

天津出版传媒集团

天津科学技术出版社

图书在版编目（CIP）数据

蒙台梭利家教方案：0～5岁 / 叶婷著. -- 天津：天津科学技术出版社，2022.11（2023.12重印）

ISBN 978-7-5742-0645-8

Ⅰ.①蒙… Ⅱ.①叶… Ⅲ.①学前儿童—家庭教育 Ⅳ.① G78

中国版本图书馆 CIP 数据核字（2022）第 201195 号

蒙台梭利家教方案：0～5岁
MENGTAISUOLI JIAJIAO FANGAN：0～5 SUI

策划编辑：	杨 譞
责任编辑：	马 悦
责任印制：	兰 毅
出　　版：	天津出版传媒集团 天津科学技术出版社
地　　址：	天津市西康路 35 号
邮　　编：	300051
电　　话：	（022）23332490
网　　址：	www.tjkjcbs.com.cn
发　　行：	新华书店经销
印　　刷：	三河市华成印务有限公司

开本 880×1230　1/32　印张 7　字数 150 000
2023 年 12 月第 1 版第 3 次印刷
定价：38.00 元

前言

PERFACE

玛丽亚·蒙台梭利于1952年去世，距今已有半个多世纪，然而她提出的教育法对教育界产生了长达一个多世纪的影响。一直以来，她因为她的教育法为各国的政治领导所追捧。她不但在美国名声大噪，她的教育理念还由蒙台梭利学校传至欧洲大陆、印度、南美和澳大利亚等地，并引起了极大的反响。

虽然现在很多家长和教师采用了蒙台梭利的教学理念，但是大多数人对蒙台梭利本人知之甚少，鲜有人知道她创造了一套教育法，并建立了一个意识边缘学派。这样的状况对于这个富于创造力的天才教育家极不公正，忽视了她对现代教育理论和实践发展所起的重要作用。本书以一个崭新的视角，全面地展示了蒙台梭利对儿童早期教育所采取的百科全书式且煞费苦心的教育方法，因而受到了极大的欢迎。

玛丽亚·蒙台梭利，这个天生的幻想家，指望着以教育改革作为优化手段，以达到人类的新生。她倡导将正在兴起的现代实验心理学运用于西方国家的教育中。其教学视角的新颖之处，在于结合了她在医学和人类学的科学研究成果。此外，她十分注重教学方法在解决教育和教学问题上的实践性。她的教育法和教育

体系独特地融合了可见性和实用性,结合了心理学、医学和人类学上训练有素的思想,并体现她对改善儿童个人命运的高度责任感,现在成为她伟大成就的纪念碑。

在19世纪末20世纪初,蒙台梭利掀起了一场具有划时代意义的心理学和教育学思想革命。19世纪的教育研究者注重儿童的接受能力,并一直努力地诠释心智的存在。这主要以消极的或者静止的元素来形成概念,把智力活动仅仅归结于结合了各种内在的精神力量。这些精神力量类似于感觉和想象力,以消极联结的方式被捆在一起(习惯和联想)。这种"联结主义"为行为主义学派奠定基础,并在接下来的几十年内继续对西方心理学领域产生影响。虽然行为主义者声称他们的研究为教育事业做出了极大贡献,其实不然。行为主义心理学学者特别强调了环境力量在认知发展中的重要作用。对于这样的立场,蒙台梭利至多只能部分赞同,并且持不同意见。她认为环境因素在儿童的智力发展中起促进作用,而不是主导作用。

在当代复杂的儿童心理学理论里,有一个观点极为盛行。持这种观点的学者认为,人类的智商是固定的,并且由先天遗传确定的。蒙台梭利对此观点持不同意见。她认为,智力是遗传和环境共同作用下的结果,不是固定不变的,而是变化发展的,智力通过不断的成长和调整,适应它所处的独特环境,因为环境可以为智力特定阶段的成长提供(或者不能提供)合适的养分。

蒙台梭利认为,认知功能积极并且自发地作用于其发展的基石——环境。在这方面,她的原理与20世纪出现的心理学原理考。比如，在导演一幕戏剧时，当主角（即成长中的孩子）在演绎自我个性拓展的剧目时，教师应该知道何时干预，何时站在一旁静静地观看。蒙台梭利提供了一套细致入微的教学方法，但是她认为教学不是盲目地执行他人的方法。随着教育界信息科技化时代的到来，当年龄较大的小学生掌握了学习技巧，并且正在使用超出家长和教师的知识范围的数据库时，家长和教师只要在教学中给予适当的指导即可。因此，蒙台梭利的教育理念值得我们所有人，包括学生、父母、教师和教师培训者，深入学习，并从中获益。

目录
CONTENTS

第一章
蒙台梭利和蒙台梭利教育法

概　述 ⋯⋯⋯⋯⋯⋯⋯⋯⋯⋯⋯⋯⋯ 2
幼儿的特殊心理 ⋯⋯⋯⋯⋯⋯⋯⋯⋯ 5
有序的成长 ⋯⋯⋯⋯⋯⋯⋯⋯⋯⋯⋯ 9
联结学习法 ⋯⋯⋯⋯⋯⋯⋯⋯⋯⋯⋯ 24
儿童工作室 ⋯⋯⋯⋯⋯⋯⋯⋯⋯⋯⋯ 28
大人如何给予帮助 ⋯⋯⋯⋯⋯⋯⋯⋯ 35
活　动 ⋯⋯⋯⋯⋯⋯⋯⋯⋯⋯⋯⋯⋯ 42
培养独立能力 ⋯⋯⋯⋯⋯⋯⋯⋯⋯⋯ 43

第二章
实践活动

概　述 ⋯⋯⋯⋯⋯⋯⋯⋯⋯⋯⋯⋯⋯ 48
动作解析 ⋯⋯⋯⋯⋯⋯⋯⋯⋯⋯⋯⋯ 52
实践活动 ⋯⋯⋯⋯⋯⋯⋯⋯⋯⋯⋯⋯ 54
　　1.用两个罐子互相倾倒豆子 ⋯⋯ 54

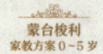

2. 扣纽扣 ········· 58
3. 打扫木屑 ········· 63
4. 手持书本 ········· 70

第三章
感官活动

介 绍 ········· 80
 三阶段课程 ········· 85
视 觉 ········· 91
 1. 圆柱体积木 ········· 91
 2. 粉红塔 ········· 94
 3. 棕色阶梯 ········· 98
触 觉 ········· 102
（一）眼罩 ········· 102
（二）触感 ········· 103
 1. 活动手指 ········· 103
 2. 触摸板 ········· 105
（三）温度觉 ········· 108
 温度瓶 ········· 108
（四）实体觉 ········· 114
 几何实体 ········· 114
听 觉 ········· 123
 声音盒 ········· 123

味　觉 ·· 130
　　味觉杯 ··· 130
嗅　觉 ·· 134
　　气味盒 ··· 134

第四章
语言活动

概　述 ·· 140
前期准备 ·· 145
　　1. 分类图片 ······································· 145
　　2. 我猜 ··· 149
　　3. 讲话 ··· 153
　　4. 砂纸字母板 ···································· 157
书　写 ·· 160
　　1. 金属插件 ······································· 160
　　2. 可移动字母表 ································· 162
　　3. 书写单个字母 ································· 168
　　4. 书写系列字母 ································· 170
阅　读 ·· 174
　　1. 物品盒 ·· 174
　　2. 动作卡 ·· 178

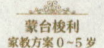

第五章
数学活动

概 述 182
第一组活动：数字学习 187
　1. 数字棒 187
　2. 砂纸数字 188
　3. 数字木片 189
第二组活动：十进制学习 194
　1. 有限珠子教具 194
　2. 数字卡 196
　3. 十进制的功能 199
第三组活动：学习数字十几和几十 ... 203
　1. 数字十几 203
　2. 数字几十 206

第一章
蒙台梭利和蒙台梭利教育法

概 述

玛丽亚·蒙台梭利（1870—1952）是一位勇于创新的杰出教育家、科学家、医疗者、人道主义者和哲学家。

在她那个年代，意大利的女人没有机会和男人一样接受教育。但是儿时的玛丽亚以其聪明才智得到了特别的机会。她考入了只有男生的机械学院，野心勃勃地以工程师为其毕生职业。当发现自己不适合这一行业后，她转向了生物学并立志成为一名医生。在大学里，玛丽亚这个唯一的女性被同学孤立。整整好几个月的时间，她都把自己关在房间里学习——直到第一学年快结束的时候，她按要求发表了一篇论文，凭她的才华和独到见解折服了其他同学。蒙台梭利成为第一个从罗马大学医学院毕业的女性，在毕业后的10年里一直从事医学工作。在此期间，她并没有因为自己所获得的殊荣而沾沾自喜，而是竭力帮助其他女性完成她们的高等教育，并全心全意地为所有女性争取平等权益。

毕业不久，蒙台梭利进一步地研究心理学，任教于大学的精神病科，从而有机会到附近的精神病院拜访精神病患者。她坚信智力缺陷只是一个教育问题而非医学问题。她将年纪较小的孩子转出了精神病院并分别对他们进行辅导。2年多时间里，蒙台梭利每天尽最大努力去帮助这些智障儿童学习和进步。她深入研究并借鉴了两位著名的法国内科医生——吉恩·伊塔（Jean Itard）和爱德华·塞贡（Edward Sequin）的教育方法。伊塔是亚费洪野童的老师。一些孩子的进步速度惊人，蒙台梭利送他们参加普通学校考试，他们毫不费力地通过了考试。但蒙台梭利并没有因此而满足，她继而思索如果短短的2年时间就能使智障儿童达到了普通儿童的智力水平，那么学校的教育出了什么问题。

蒙台梭利开始思考正常儿童的教育问题。她回到罗马大学继续深造，学习教育哲学、心理学和人类学——1904年她因表现突出被任命为人类学教授。与此同时，她继续研究儿童神经系统疾病并在医学杂志上发表研究成果。

1907年，她得到了在正常儿童中开展研究工作的机会。罗马贫困区圣洛凡扎的房屋委员会在一间改造的公寓里创办了一个日托托儿所。托儿所需要一名导师来管理这50名左右3到6岁的可怜儿，不要让他们在楼梯上玩耍，弄脏新粉刷的墙壁。公寓的委员会万万没有想到这间简陋的托儿所（蒙台梭利称其为"儿童公寓学校"或儿童之家）竟会成为那些刚来这里时害羞且哭哭啼啼的小孩和蒙台梭利获得重大成果的地方。

蒙台梭利开始在儿童之家试用她之前在精神病院所使用的教学方法。她发现孩子们十分喜欢这些练习并且更喜欢独立完成练习。蒙台梭利引进了更多不同类型的教学器材，有些为孩子们所喜爱，而有些却无人问津。她没有强迫孩子做任何事情，只是把每个游戏当作礼物一样展示给这些孩子，让感兴趣的孩子随性地参与其中。

在这一过程中,蒙台梭利开始注意到有些孩子出现了一些奇怪而奇妙的举动。那些积极参与活动的孩子,展露了蒙台梭利在童年期的孩子身上从未见过的另一面。这些经验较丰富的孩子变得文静并且能够长时间地集中注意力。他们不仅能够快速地学会复杂的技能和深奥的知识,还能自律,不需要大人操心。在和大人以及同伴相处时,他们变得更慎重、更富同情心以及善解人意。这一切都似乎在表明,儿童之家的学习让他们摆脱了一些心理负担,促使他们能够自由地专注自己内心的想法和意图。蒙台梭利自己也觉得难以置信,但是事实摆在眼前。她继续提供基于早先理论的自学材料,仔细地观察孩子如何使用它们,如果孩子并未自发地重复活动,那些教材就会被撤走不再出现。蒙台梭利教育法完全是在儿童自我展现的基础上建立并发展起来的。

过了20年,蒙台梭利将她对幼儿的研究和细微观察总结归纳成教育理论。本章旨在概述蒙台梭利关于学习和成长的基本观念,以及为什么全世界蒙台梭利培训班的儿童在学习中表现出惊人的自信和满足。从蒙台梭利的著作中,我们可以看出这些理论并非闭门造车。蒙台梭利希望我们记住,是孩子们通过自由且自然的倾向性,向她展现了他们成长和发育的实质。

幼儿的特殊心理

蒙台梭利教育理论的基本原理，是幼儿的学习能力与大人的学习能力截然不同。这一点不难理解，我们只要想一下让大人和幼儿进行一项学习任务——学会说一种新的语言。

从成人的学习经历来看，学会说一种新的语言是一项极其复杂且困难的任务，需要大量的精力、很好的记性和很强的语感。幼儿在注意力集中时间短、识别能力弱，毫无语感的情况下，是如何掌握他的或她的第一语言？当成人学习一种语言的时候，他会将新语言的词汇和语法同自己的母语系统化地联系起来，将母语当成新语言的词汇和词组的意义载体。然而，幼儿是从零开始。那么幼儿如何理解新语言中词汇的意义？还有成人无论如何都没法将外语说得同外国人一样地道，大多数的旅游者和移民者都有口音并且容易使用错误的句法，从而露出破绽。幼儿是在第一语言的学习中怎样做到说得那么完美，准确地使用嘴巴、舌头和喉咙发出这种语言的声音，学会地道的口音、方言、地方特色的习语以及区域或者家族特性？除了一个1到3岁的小孩以外没有人能完成这样的惊人之举。

显然，幼儿拥有一种特异的学习能力，如语言学习能力，但是这种能力随着年龄的增长而神秘地消失或被埋没。成人与幼儿的区别不仅仅在于学习的质量，而且在于儿童能够在活动中以成人无法理解的完整度和精确度，轻松地吸取某种完整而精确的能力和技巧。蒙台梭利把这种独特的早期学习能力称作幼儿的"吸收性心智"。

这种吸收性心智促使一个无助、只会咯咯笑的婴儿具备了长大成人所需要的基本生理能力和心理能力：自己吃饭，自己洗澡，自己穿衣服；坐、爬、抓等机械运动；还有语言、认知、记忆、意志、风度、礼貌、文化习俗和自我定位。儿童轻而易举地生活并"吸收"着周围的文化环境，达成了这种自我创造的壮举。

宝宝已经能扶着周围的物体站立。

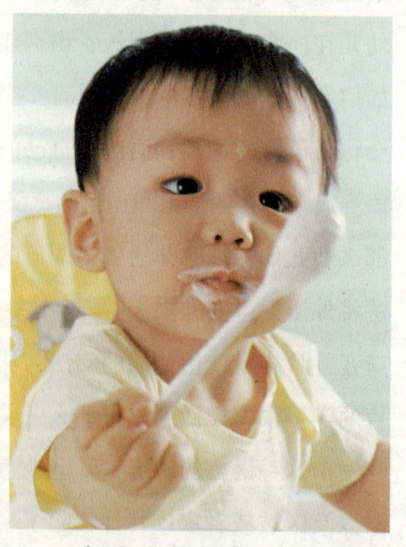

7个月的宝宝手的动作变得更加灵活，逐渐学会了自己拿东西，爸爸妈妈可以加强训练。

蒙台梭利所用的"吸收"一词的意思,不是像干海绵吸收水分那样地"吸入",而是"融入自身"。举一个不很精确但很有用的类比,那就是,儿童的吸收性心智就好像一块沉浸在养料丰富的环境中的水晶,它所吸收的周围的印象、新的行为和思想,会成为添加物改变心智的形态或方向,并且增加成长的表面面积。与儿童的吸收性心智相反,成人的心智保持基本的状态和容量,不是通过吸收而是通过特意的假设和逻辑性的分析与总结,来获取知识。这就是为何儿童喜欢不停地重复,而成人不喜欢。每一个印象都会一点点地改变儿童的看法,即使同样的刺激因素每次会以略微不同的形态呈现。成人费力地从经历中总结经验,又从经验中做出推断,但是他们的领悟力基本没有改变,最后这样不停地重复评断刺激因素使他们觉得非常地无聊乏味。

蒙台梭利经过研究发现幼儿的吸收性心智通常可持续大约6年。而这6年又可以分为两个阶段,每个阶段分别为3年。第一阶段和第二阶段的行为方式存在着微妙的变化。

吸收性心智活动的第一阶段,是从孩子出生那一刻到3岁。这是童年期中可塑性最强的时期。在这一阶段,儿童吸收几乎所有的有用印象乃至细枝末节,而每一个印象马上被具体化,并且被添加到先前的那些印象中。不论简单或复杂的任何印象,都能被这种吸收性心智以同样容易且精确的方式获取。它主要对人类刺激因素,特别是人的声音,做出反应,但是它对所有的人类活动全盘接受,不做筛选,动用了每一个感官去理解儿童所处的整个情感的、行为的和文化的环境。例如,在自家客厅里,妈妈在阅读，爸爸在修东西，哥哥姐姐在玩游戏，即使所有的活动是同时进行的，婴儿将会吸收所有的动作细节和姿态。因为在第一阶段不需要通过锻炼儿童的意志来唤醒吸收性心智，蒙台梭利称这种运作为"无意识"。尽管它的运作毫不费劲，但早期的吸收性心智非常积极并非消极。它促使儿童模仿、运动和玩耍，从而赢得、改变并增加自己可用的经历区域。

早期的吸收性心智把周围的文化环境作为吸收的对象，以便在3年的时间内建立儿童的基本人类能力。这些能力的建立并非逐渐呈现，而是通过内部的发展而形成的。这种成长只是偶尔体现在能力的重大变化上。如果你比较新生儿的行为和会说话的3岁儿童的行为，很容易就会发现这种创造性的改变。

幼儿成长的第二阶段，是从3岁到6岁，吸收性心智仍旧运作，但此时它更注重有意识地从相互作用的物质和人类环境中获得某些印象。这些新的经验得以巩固、发展，最重要的是，与先前获得的能力结合。第一阶段的吸收性心智大部分由安静的内在成长组成，偶尔展露惊人的进步；第二阶段则显得忙碌，技巧的成熟过程是连续的并且易被察觉的。还有，之前在环境中进行的活动大部分是无意识的、自发的，而3至6岁大的儿童有意识地与环境进行互动，表现出对某些经历的偏好。3岁至6岁儿童所追寻并获取的这些特殊印象，同0岁至3岁的儿童的大部分意外经历相同，无论这些印象有多复杂，吸收性心智仍旧能够毫不费劲或不受限制地获取它们。

有序的成长

　　幼儿天生就有吸收性心智，这使他能轻易地"吸收"人类环境中正在进行的各种状况。但是吸收性心智不足以解释，婴儿如何利用吸收的东西产生6岁儿童所具备的各种人类特性。显而易见，儿童并不仅仅是像录像机或录音机那样，单纯地重复吸收性心智所获取的一切信息。即使我们考虑到吸收性心智积累性的质变，构成幼儿人类属性的，并不只有对周围人类环境的高度具体化能力。我们需要知道的，是吸收性心智如何将一个文化的积累印象，转化成一种能参与到文化活动中并做出贡献的智慧。

　　蒙台梭利给出的答案是，儿童的吸收性心智确实收到了各种印象，同时把这些印象进行加工、分类和理解，过滤出一些印象，并把它们存入遗传的智力结构中。她还推断这个结构不是静止的，而是随着儿童的成长而逐渐变化和扩展的。这种结构及其扩展形式适用于世界各地的所有儿童。每个儿童智力发展的状况各不相同，因为吸收性心智在结构扩展的每个阶段的经历各种不同。

　　虽然吸收性心智的第一阶段是无意识的，但它不是没有导向的。在任何一段时间里，儿童的扩展智力结构会对所吸收的印象的某些方面进行特殊处理。所吸收的经历对隐含结构产生的影响，

新生儿的姿势和他出生前是一样的。如果我们把他的脚和手臂展开,它们会像弹簧一样恢复原状。在生命刚开始的阶段,孩子的举动是反射性的,手脚左右摇摆,在空中挥来挥去,有时也会停顿一段时间。

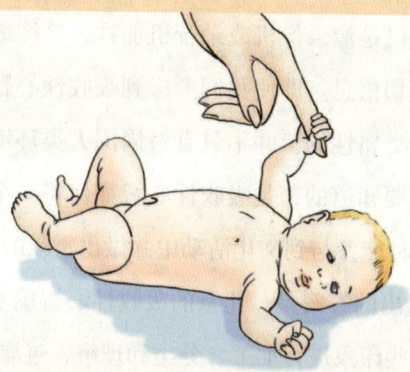

如果你触摸孩子的手,你会感到孩子的小手紧握着你的手指头。新生儿可以如此有力地握住拳头,以至于他的手指都发白了。同样的反射也存在于孩子的脚底板。新生儿还有其他一些反应:如果我们握住他的脚,他就开始蹬腿;如果我们触摸他的嘴唇,他就做出吃奶的动作,等等。医生通常会检查孩子的不同反应以确定他是否正常。

0~1个月宝宝

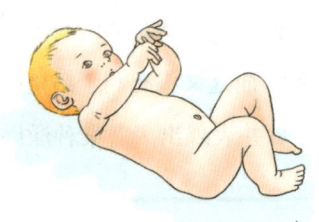

他松开了拳头。手开始服从自己的意志,他知道把手放在眼前,长时间地摆弄它们,摆动手指、摸、抓、擦。他看到一个物体接近,会激动得发抖,他想把它抓住。如果他想抓住架在床上的横梁,他就会扔掉手里的拨浪鼓,并且不知道要把它捡起来。

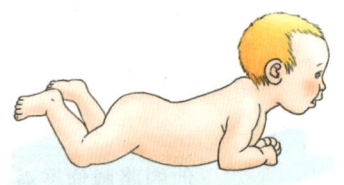

腹部贴地趴在地上,孩子会猛烈地抬起脑袋。他的脖子变得有力了,当他平躺着的时候,如果把他举起来,他能很好地撑住脑袋。这种对脑袋的控制力,是这一阶段的重要事件,会产生重要影响:孩子能对周围的事物感兴趣,因为现在他几乎可以看见所有的东西了。这是精神分析学家和儿科医生称为心理发展的好例子:孩子能撑住脑袋是因为他想看,他能看是因为他撑住了脑袋,两方面是相辅相成的。

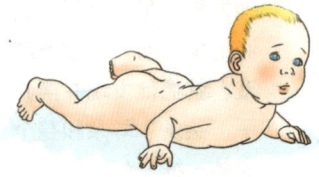

孩子盯着移动的人看。他开始真正地笑了。他脸部的表情越来越丰富。

1～4个月宝宝

才是儿童聪明才智的真正创造者。在儿童3岁左右开始的吸收性心智第二阶段中，结构的发展进程使儿童具备足够的智力，去有意识地表现对某些特殊经历感兴趣，而这又将有利于结构的继续发展。所以，3岁到6岁的儿童感觉并表现出了对某种激励因素

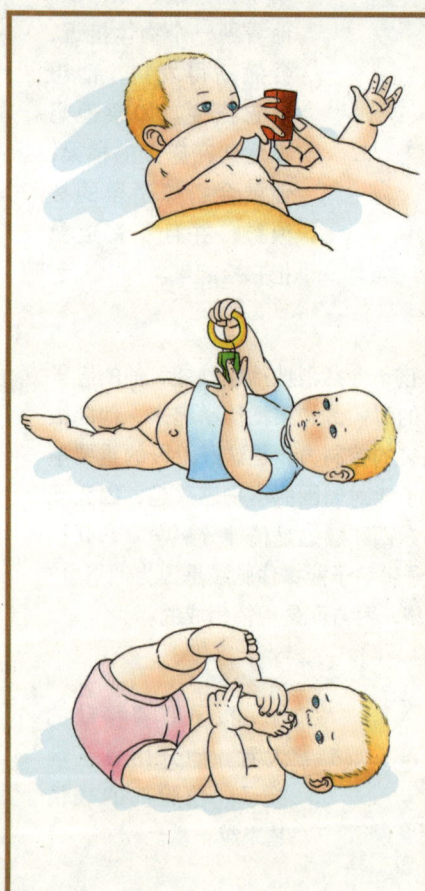

不在意地用右手或左手接过递给他的东西，渐渐地，他能握紧4根手指了。

他的胳膊伸展着，手拽着东西，仿佛这是他的战利品。他把环从一只手换到另一只手，紧紧地抓住它，但有时圆环也会掉在地上。

脱了鞋之后，他把脚放到了嘴里，他开心地笑了：他喜欢吮吸，他发现了另一个可以吮吸的新东西，一项新游戏，就像他发现并摆弄手、头发、耳朵和整个身体一样。

4～8个月宝宝

的偏好。这些因素能够改善和提高 0 岁到 3 岁所产生的各项基本能力。

以下这个简单的类比就能很好地诠释这一点。想一想人是如何建造一所房子的。仅仅收集建造房子所需的各种材料是不够的,那只是一堆砖头、木头、金属和玻璃。只是单纯地再现一所盖好的房子的零乱印象——石头墙面在那,卧室在这里,院子在那边,这样也是行不通的。为了建一所房子,你要做三件事情:第一,描绘一幅构造详细的建筑蓝图;第二,制定一个建筑实施的进度表,告诉我们必须先建地基,然后搭建房屋框架,最后再铺设管道设备、筑外墙、铺电路,等等;第三,准备建造房子所需的人力和物力。但是,当房子已经在建,有时建筑者就不需要总是去看蓝图和进度表。房子已经定型,接下来要做哪些事情就一目了然了。

造物主要将一个无助的婴儿转变成一个年轻人,它的蓝图就是隐含的遗传智力结构,它的进度表就是预先确定的结构扩展时间,而人力和物力就是吸收性心智收集到的诸多经历和印象。如果一切顺利,造物主就会通过唤醒并锻炼儿童的意志显现下一进程的内容。

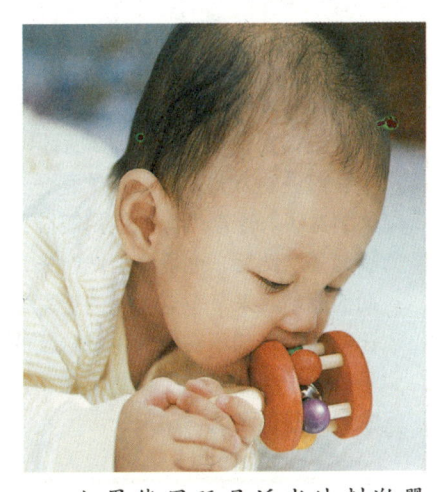
如果能用玩具适当地刺激婴儿,将有助于他的成长发育。

他的一大快乐,就是越过护栏把物体扔下去。当他抓住物体时,他的手握得还不是很牢(因为他不能很好地衡量物体的大小),灵巧的食指让他能抓住很小的物体,哪怕一小块面包。

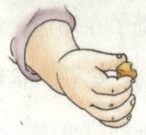

一旦能独自坐起来,他就会长时间地坐着。他也懂得如何转过身或俯下身去抓东西而不摔倒。

这是开始爬的年龄。为了得到他想要的东西,孩子伸出了手。如果他没能拿到,他就会试图靠近它:他腹部贴地匍匐前进,他也能坐着移动或后退,甚至也能平躺着这么做。不管前进的方式如何,孩子有一个目的地要到达,并且他最终到达了。逐渐地,他能用四肢移动了,他能想到哪儿就到哪儿了。然后,他能跪着站起来,通过椅子或床的护栏的帮助他能站起来了。这一切的努力都是为了更好地看见和抓住让他感兴趣却不在他的手能触及的范围内的东西,它们为孩子日后学会走路做了铺垫(在1岁以前孩子通常无法成功地拿到那些东西)。

8~12个月宝宝

他学会两手分开行事,而起初他习惯于用一只手帮助另一只手。

两脚叉开,上身前倾,手臂伸开以维持平衡——他开始走路。转弯对他来说还很困难,小失误还有很多。他上楼梯时还得爬。在沙发里,他会站起来,他试图翻越过沙发扶手。

他知道翻书(但一次总是翻好几页),他会用食指指着图片。玩够了之后,他就把书扔到了一边。

他能递给别人一块积木,但还不知道如何放飞一个气球;他能把一个小东西放到大的里面,却无法将积木堆成塔。

12～18个月宝宝

通过多年的观察，蒙台梭利能够大概勾勒出这个"进度表"，即儿童的哪些官能是在6岁以前的各个时间点得以发展。通过注意这种活动、经历的效果和吸引力，她能够推断出这种发展的大致顺序。因此，从儿童对于某种激励因素表出现特别的瞬间敏感反应，可以推断出幼儿内在隐藏的大体构建进程的顺序。蒙台梭利将这些广泛、明显且短暂的敏感反应期，称作"敏感期"。

总而言之，蒙台梭利记录了其中的6个敏感期。

第一个即"感官知觉"发展的敏感期，从孩子出生一直持续到5岁。在这一敏感期内，儿童需要充分地锻炼所有感官能力。如果父母总是想阻止幼儿触碰任何东西，或者刻意改造幼儿的周边环境使其变得保护性极强，这会让许多幼儿产生挫败感。

第二个敏感期是语言学习期，从3个月大开始，同样也持续到大约5岁或5岁半。蒙台梭利通过细致的追踪调查发现，这一敏感期可以分为很多个阶段，例如早期对人的声音以及在人说话时嘴唇运动的敏感。婴儿似乎开始模仿他所听到的说话声音。但是婴儿还听到很多其他声音，如音乐声、狗吠声和厨房的嘈杂声。幼儿不会模仿或者使用这类的声音，这就证明了婴儿拥有一种特殊的感受性，能够在无意识的状态下，从充斥着各种声音的环境中筛选出谈话的声音。

"秩序"敏感期通常从1周岁开始，在2岁达到顶峰，3岁时开始消退。"可怕的2岁"里，婴儿不停哭闹并且表现得烦躁不安，这可能是敏感反应所导致，而父母很少意识到这一点。这一时期是幼儿智力发展的关键阶段。有序排列的印象和经历，将为儿童建立

他能很好地握住自己的蜡笔（不在意是用左手还是右手），但他试图垂直画下来的线条却还是歪歪斜斜的。此外，他对自己的劳动成果一点都不珍惜，他会快乐地揉皱和撕碎画画的纸。

孩子能握住自己的小勺和小碗，但他吃东西时总会把自己弄脏。此外，他在吃东西时会发出很多噪音，喝水时，每两口之间他都会大声地吸气。

他喜欢那些能被拉动的玩具。跑是他的一大乐趣，他喜欢我们追他，而他常常会撞在家具上。他在拉、推、拽的同时还会高声喊叫。

他用脚推着气球前进，退着走路，扶着栏杆上楼梯，当我们用手扶着他时他还能下来，这些都是这一时期孩子们的成就。

18～24个月宝宝

世界观打下基础,从而促使儿童能够用言语有序地表达对世界的看法。如果日常生活总是有序进行,那么儿童会根据他所感知的形式来理解生活。外界的秩序性将会促进儿童内在秩序感的形成。

这就意味着如果周围世界保持稳定,1岁到2岁的儿童将受益多多并感到非常快乐。外界秩序包括:所有物件如家具、玩具和衣服每天都要放在同样的位置;日常作息要规律,例如用餐的时间和地点,干家务活的时间和方式,以及家人的离开与归来;还有为孩子做事时的程序要一致,比如说如何抱孩子、如何喂饭和如何给孩子洗澡等。当一个2岁大的小孩无缘无故地开始烦躁不安,通常是因为他注意到一些小的变化——这些变化对于大人来说无关紧要,但是会极大地影响孩子对生活连贯性的理解。当一些变化不可避免地出现在幼儿的周围时,我们应当对他表示同情,支持并强调那些还没有变化的事物。

婴儿在2岁左右会出现一个短暂但非常重要的"小细节"敏感期。现在你该明白敏感性、感知力、语言和秩序是如何扩展内部结构,并与吸收性心智一起塑造人的智力。然而对于"小细节"的短暂敏感性并没有即刻显现其创造性价值。

首先,什么是蒙台梭利所指的"小细节"?例如,在这个敏感期中,初学走路的幼儿将会和你一同漫步在山中小路上,在那里可以将小镇一览无余。儿童不会像你那样驻足欣赏山下风景,而是趴在地上兴致勃勃地看着一只黑色的小蚂蚁爬来爬去。或者,你让孩子坐在你腿上,翻开一本关于动物园场景的彩色图书,并告诉他每张图片上的动物名称。但是小孩没有注意看那只橘黄色

的大老虎,而是问起了图片左下角处的"冰棒"——老虎笼子不远处站着一个被画得很小的小女孩,她的手上拿着一根橘黄色的小冰棒。为什么儿童总是只注意到这些无关紧要的细节呢?

想想看虚构的侦探夏洛克·福尔摩斯。福尔摩斯总是聪明过人,其原因有二:第一,无论如何他从不轻视任何一个线索;第二,他每次都能够专注于某个特殊的问题。福尔摩斯的朋友华生医生却老是只注意到一条最明显的线索,还总在疑问重重时妄下定论。夏洛克·福尔摩斯的故事展现了智力的两个重要元素:我们必须拓宽我们的观察视野,把所有现象都尽收眼底,因为很多时候最明显的现象并不能说明一种情况的意义;第二,我们必须能够集中精力思考某个特殊问题。拓宽吸收性心智所能触及的观察范围,并强化内在智力结构处理信息的集中能力,对于儿童早期的发展至关重要。这就是"小细节"敏感期的目标:唤醒孩子对注意力的控制。对于小细节的敏感性促使儿童注意到最微小的物体、散落的碎片、极微弱的声音、隐蔽的角落——所有这些现象之前都为显眼的、大块头的、快速移动的物体或响亮的声音所遮盖。还有,儿童一旦被某件小东西所吸引,就会长时间地观察它,这能培养儿童旁若无物的钻研能力。

上述的敏感期到 2 岁半左右就结束了。此后,儿童就进入了"动作协调性"的敏感期,这将持续到 4 岁左右。动作协调性主要指的是身体受意志的控制:能够随心所欲地使用手指、手、腿、脚、嘴巴等。这不代表这个年龄段的儿童就能够轻易地学会复杂的技巧——也就是说,这时候并不一定是学习弹奏小提琴或跳芭

孩子认出了图中画的杯子、熊、气球，然后以胜利的姿态展示给我们看。他会一页一页地翻书了。

两只手互相帮助——一只手按住纸，另一只手握住蜡笔，他会连续地画出一个大致的圆。如果孩子是左撇子，他的侧向性此时就会逐渐显露出来，此时我们应该尊重孩子。

通过模仿母亲，孩子也给自己的熊或娃娃喂吃的。此外，他对父母的一切举动都感兴趣，他会去按一个按钮，或者模仿父母开汽车的样子。

孩子有能力在跑的时候环顾左右。他知道用手放飞气球和给气球来一脚。当他坐在地上想要站起来时，他会向前倾，从后方用力，然后头部用力。他喜欢跳过一只凳子或一级台阶，只要我们用一只手扶住他。

2岁~2岁半宝宝

他能成功地把几块积木堆成一个塔,而且,当他拿一支蜡笔时,他不再是用拳头紧握,而是用手指拿住它。

以前,他每爬一级台阶,都要把两只脚放在上面,但现在他能两脚交替前进了。他也会踮着脚尖走路和双脚并着跳了。他能自己穿鞋子,但总是穿反。

他还不能很好地控制自己的动作,他向前冲,却无法很快停下来,身上不可避免会有一些伤口和肿起。庆幸的是,总有一只令人心安的大手在那里扶助他。

他独自登上三轮车,并在掌握方向的同时踩脚踏板,而且他能把几个动作联结起来了。

2岁半~3岁宝宝

他有了平衡感：不再做出突然而混乱的举动。他已经能和大人一样平衡地走路了，并且还能扶着护栏下楼（但还是要把两只脚都放在一个台阶上）。

孩子能控制自己行为的另一个证据：他能给一个杯子装满水而不让水溢出来，他也能在一张纸上画一个十字。孩子开始刷牙并且为此而自豪。

3岁~5岁宝宝

蕾舞的理想年龄。在动作协调性敏感期中，儿童会不自觉地去做一些动作或重复某些动作，但只是为了获得更好的协调性。例如，一个3岁左右的儿童喜欢洗手，不是因为手脏了，只是为了练习相关技能：打开水龙头，握住滑溜溜的肥皂，搓出肥皂泡泡，冲洗干净，然后擦干。与此相反，4岁或4岁以上的孩子们通常只因为手脏了才去洗手（如果你能叫得动他们去洗手的话）。儿童在这个敏感期内四肢变得灵活并且能参加追逐游戏。这些刻意安排的活动对智力结构的扩展十分有益。

吸收性心智的最后一个敏感阶段是对"社会关系"的敏感性，大约从2岁半开始直至5岁。这将影响到儿童6岁以后的智力发展，通常是在一个社会化的环境中进行，涵盖了大量的社会文化知识。在这个敏感期内，幼儿会特别关注一个人的行为对其他人的情绪和行为产生的影响，一群孩子的评价和动向是如何影响一个人的行为。3岁以下的孩子喜欢一个人玩耍或者"单独"地同一个玩伴玩耍，而这一时期会促使儿童有意识地去培养别人对自己的好感以及友谊，愿意参加需要合作的游戏，并且开始同伙伴们一起搞恶作剧。2岁半到5岁的儿童对基本社会关系规则产生了兴趣，并且乐于学习这些规则，如礼貌、用餐习俗、优雅举止以及为他人着想等。

联结学习法

蒙台梭利用"吸收性心智"解答了婴儿如何快速地形成思考能力。"敏感期"是蒙台梭利关于人类基本技能系统化发展理论的核心。但是这就会引来这样的疑问：就算儿童拥有基本的智力和基本的能力，那什么促使他获得特定的信息和诀窍呢？前面我们已经谈论过吸收性心智如何充实扩展中的遗传结构，以及敏感期如何为培养孩子的某种能力创造条件。然而，儿童是在何时，又是怎样综合、拓展，并通过填充知识和提高悟性，在现实世界中运用这些基本技能的呢？

你可以回想一下，在吸收性心智的内在遗传结构扩展的每个阶段，2岁半或3岁的儿童开始有意识地表现对某些印象的敏感。儿童开始进行目的性的活动，对事物表现出好奇心和兴趣。例如，儿童想要学会如何将积木排成一排，想看看我们正在厨房做什么，想听听电话里的声音，想要知道浴缸里水从下水管道流向何处。我们通常所说的"学习"就是从这个年龄开始。

有很多词汇我们经常用却不知其所指，"学习"就是其中一个。如果一个人从缺乏一种能力到展现这种能力，我们就说这个人"学"会了。这里所用的"学习"一词，指的是发生某种作用，使人获得新的能力。但是到底是怎样的作用才能达成这个效果,它是如何开展的呢?大家都知道重复可以促成学习,但重复不是学习的全部。即使我们自己处在学习的状态,我们也难以描述出在学会那一刻我们的大脑里发生了什么样的变化,如果真有这一刻的话。我们所知道的是,突然之间,我们能够做或者思考以前我们不会的事情。

经常和孩子一起看画册,可以锻炼孩子的认知和理解能力。

蒙台梭利认为学习过程与习得新事物无关。只要不处于睡眠状态,吸收性心智就不断地获取幼儿将要学习的所有事物。"学习"本身是一个将所习得的知识融会贯通,形成体系的过程。因此,所学会的事物会同之前习得的知识一样,成为知识体系的一部分,在之后的学习过程中进而与其他的知识结合在一起。

教育者很早就发现,这种将先前所吸收的事物结合在一起的学习过程分三阶段进行。根据蒙台梭利的理论,她对这些阶段的表述如下。

第一个学习阶段,是通过吸收性心智吸收会用到的各种独立元素的所有印象。这个可以自然发生并持续几个月的时间,也可在几分钟内有意提供。由于儿童的好动性，儿童会积极地参与其中而不是被动地接受。为了达到全面吸收印象的效果，要求儿童集中注意力；如果儿童无法集中注意力，那就不会有效果了。第一阶段吸收的印象，都会由遗传的内部结构进行处理，所以它已经在儿童的大脑内开始产生松散的联系。因此，儿童会有动力去强化或完成这些联系。简而言之，第一个学习阶段是对某种独立现象的吸收，一旦完成就会产生学习动力。

第二个学习阶段，主要是不停地实践所吸收的现象之间的联系，通常是通过体力活动。这将巩固在第一个学习阶段中印象所形成的松散联系。通过反复实践，儿童发现并建立独立现象结合的所有不同方式，使它们最后不可避免地结合在一起。为了建立联系，如声音与字母间的联系，儿童必须清楚地了解什么是有关联的，而什么是没有关联的。同样，如钉钉子等目的性活动，主要是对行为的准确控制，动手者必须区分应该做什么和不应该做什么。其实，第二个学习阶段通过不断重复并且小心控制的活动，将某些先前吸收的现象牢牢地固定在一起，给它们划分清楚的界线，使它们成为一个整体概念。

第三个学习阶段，就是有意识地把这个固定的且确定范围的概念，运用到任务和实际中，使之在儿童的世界里变得有意义。比如说，儿童在自编的故事里使用自己组合成的字或词语，或者在儿童花园里使用锤子和钉子来建造一座"温迪屋"（供小孩玩耍的地方）。如果一些有关数学的抽象概念没有明显的实际用途，儿童可以创造一个使用这个新概念的游戏，将其创造性地运用起来。

有时候,将概念运用到语言中就足以让孩子记住它。孩子还可以通过将概念传授给他人,来完成对这个新概念的运用。无论如何完成,最后阶段的目的,就是让儿童通过日常生活的实践,掌握这些概念的意义,并与其他概念形成关联。

学习的本质是联系——相关的感知引发相连的活动,从而得以运用于实际。回顾蒙台梭利关于儿童成长的观点,我们现在能够解释,儿童在吸收性心智的第二阶段,如何能够综合并拓展第一阶段中形成的技能,从而开始获得真正的知识和技能。

正如我们所发现的,3岁儿童的活动开始形成目的性,因为这时的儿童已经进入到意志苏醒的发展阶段。目的性活动促使儿童处理个人与世界的关系,促使他们开始综合各种能力。这个年龄段的儿童,能够将注意力集中到有意识选择的任何活动中,部分原因在于细节敏感期的作用。与此同时,动作协调性敏感期培养了参与活动所需的身体能力。

这时三阶段学习开始运行:儿童集中注意力的新能力支撑着第一阶段;协调性敏感期的特点——重复性和控制力,为第二阶段提供动力;在意志指引下的目的性活动成为第三阶段的主要部分。

儿童工作室

在智力结构扩展的关键时期，特别是吸收性心智的第二阶段，儿童能否获得特定的激励因素和经历，对于儿童的成长非常重要。如果3岁到6岁的儿童处在能提供这些激励因素和经历的环境中，就能极大地促进其早期的成长。

根据我们已经讨论过的原理，这样的理想环境能够提供目的性的经历，允许儿童练习并综合自己前2年内形成的新能力。这些经历能够使文化习俗、惯例、信仰和感知在儿童的吸收性心智中变得清晰、具体并且容易理解。大部分的经历产生于依照三阶

段学习原理提供给儿童的身体活动中。在儿童心智构建过程中，这些经历只有在需要时才被提供，但此后这些经历不再受限制，可由儿童任意寻求。

反映了文化的目的性身体活动，在三阶段学习的关键时期得以体现，之后由儿童随意支配。这与蒙台梭利在圣洛凡扎的儿童之家，根据儿童的意愿设计的环境，同出一辙。

蒙台梭利环境，是一个全面满足吸收性心智、敏感期和三阶段学习过程需求的地方。蒙台梭利称这个地方为"有准备的环境"，因为它是特别为满足儿童成长所需的条件而准备的。"有准备的环境"是儿童追寻自我建设，将婴儿培养成独立且有思想的人的理想工作室。

很多父母认为家里是幼儿的理想环境。蒙台梭利赞同在吸收性心智的第一阶段，密切且频繁地与人接触可以在无意识的条件下，培养儿童的各项基本技能、情感和态度，父母的疼爱和关心所产生的安全而又直接的影响，对儿童早期成长是非常有益的。但是，吸收性心智的第二阶段，需要真正的自由、目的性活动和文化背景，处在这样一个专为满足这些需求而特别准备的环境里，儿童会受益匪浅。

与一般的幼儿园不同，蒙台梭利的"有准备的环境"的主要特点是拥有很多精心挑选的学习和文化活动，会在适当的时机介绍给儿童，而之后就由儿童独立自由地参与活动。本书在接下来的章节中将会详细描述这些基本活动以及如何开展这些活动。但我们首先讨论一下蒙台梭利环境的其他方面，如果缺少了这些方面，那么活动的效果会受到影响。尽管活动本身非常重要，但整个蒙台梭利环境，就是专为配合活动以及儿童参与活动而设计的。请记住，蒙台梭利把所有这些方面都纳入"有准备的环境"，是因为它们深受儿童的喜欢，而不是因为它们符合成人的期望标准。

蒙台梭利环境的地点可以选在家里、学校教室、教堂、社区中心，甚至空置的商店、办公区的地下室，或者任何儿童不会介意的地方，不需要任何奇特的东西。第一个蒙台梭利环境是在一个工薪阶级的公寓。蒙台梭利环境不需要华丽的布置，但必须干净、温暖、安全、舒适、灯光明亮，远离施工地点或繁忙的马路。你不需要太大的空间：如果只有一到两个儿童，那就将家里的游戏室划出一半的空间就可以了；如果是一群儿童，那就需要一个大房间或者两个略小的房间，靠近厕所，室外活动场所如果有栅栏围着那就最好不过了。

房间应该简单地装饰并配置儿童尺码的家具。你需要一张儿

童型的桌子和椅子、几个儿童型的开放式书架。这里的"儿童型"指的是适合儿童使用:椅子,儿童坐在上面的时候,双脚应该能平放在地面上;桌子,端坐的儿童应该能够把肘部放到桌面上;至于书架,儿童应该能够看到书架顶格的碗里盛放的东西。桌子、椅子和书架的表面都必须是防水且易清洗,没有裂缝或尖锐的棱角。还有一个重要的摆设是"桌垫",每片桌垫由大小为1000平方厘米毡布制成,如果房间里已经铺了1米宽、1.3米长又厚又硬的毛毡毯,可将桌垫卷起,竖放在矮柜里。其他可选用的摆设如下:一个儿童型的画架;两个大塑料水桶,一个用来装干净的水(配一个长柄勺),另一个用来装污水;一个灯光明亮的阅读角,配备小书柜和柔软的儿童型沙发或轻软的枕头;一些有趣的图画,挂在儿童水平视线高度的墙面上;在每张桌子上放一个花瓶用来装鲜花。至于你自己,你或许需要一个上锁的柜子来放东西,一张舒适的小板凳,当你和小朋友一起围坐在桌边工作时可以坐在上面。上述物品,除了最后两项,其他的都是专为儿童设计的。

"有准备的环境"最值得注意的地方,就是儿童进行蒙台梭利活动时所使用的特制教具。按理来说,你应该在许多活动中尽量使用专业制造的蒙台梭利器材。专业制造的教具是最佳的,因为它们经久耐用、美观,更受儿童喜爱。还有,有些教具只有大师级工匠能够制成,一般人是难以完成的——如果你要提供这些教具,你可能需要去购买。

然而,专业制造的蒙台梭利教具价格昂贵,你得将就使用一些自制教具。一个心灵手巧的成年人能利用家里现有的材料,再

从缝纫配件店和五金器具或 DIY 商店里购买一点材料,即可制作大部分的教具。最后,有些蒙台梭利教具市面上根本就买不到,所以本书提供了详细的制作方法介绍。

很多大人在第一次看到蒙台梭利教具时既惊奇又开心。这些物品用天然无害的材料制成简单基本的形状——小木柜和箱子表面刷着彩色漆而内部构造简单,几块羊毛布和棉布,普通的陶瓷罐子和陶瓷脸盆以及其他类似的简单的人工制品。有些大人认为这些教具太过简单,甚至有些过时。但是蒙台梭利发现幼儿实际上更喜欢简单的事物,并在他们的环境中寻找这类事物。

最近很多幼儿园和小学趋向于用电脑、计算器或其他高科技产品给幼儿上课。理由是这些是现代社会的工具,每个儿童都应该学会使用。还有一些机器,如汽车,是现代社会的重要组成部分。蒙台梭利认为,它们应该顺其自然地出现在儿童的生活中,

并且要让儿童知晓其特性和用途。蒙台梭利不提倡4岁的儿童使用电脑，那无异于让他们在机动车道上驾驶。

只有在充分了解这些高科技产品，如电脑，如何自动化运转（如果之前此类产品是手动运行的），才能成功地并富有创意地使用它们。幼儿不具备这样的理解力。蒙台梭利教学法不是大跃进到高科技，而是逐渐地从具体上升到抽象——例如，让儿童数豆子并分组，让他们在开始学习抽象的数字之前，从实质上理解数量相加的意义。蒙台梭利的动手活动为儿童以后建立抽象概念打下牢固的基础，使儿童充分掌握所学的知识，而不是靠死记硬背。

所有儿童想要使用的，以及已经被介绍给儿童的蒙台梭利教具，应当放在儿童型开放式书架上，方便儿童使用。还有，每件教具都应在书架上有固定的位置。虽然不必要，但你可能希望按照科目（如数学、语言、感官）来分类摆放书架上的物品。但最重要的是，儿童在没有大人的帮助下，能够看得到和拿得到所有活动所需的东西。儿童必须每次都能在书架上同样的位置找到它们，除非这些东西正在被别人使用。这能促使儿童变得独立，并且能够让他们明白在结束使用后如何处理教具。

"有准备的环境"理应在每天儿童醒着的时间里开放，这样儿童在求知欲望强烈时能工作和学习。家里完全有这样的条件，让摆放蒙台梭利教具的房间全天开着，时不时地花个半小时左右的时间介绍新的活动或观察儿童的工作。但是对象如果是一群不住在一起的儿童，那就需要做相应的调整。

时间安排显然要根据你的实际情况而定。要注意以下几点：蒙台梭利环境只是儿童自我发展的一种辅助手段；在特定时间强迫儿童进行活动是没用的；如果儿童在某些时候或一直不想参与活动，那也不要紧；儿童所处的蒙台梭利环境如何，不论大小或时间长短，不会对其不利，只会对其有益。

大人如何给予帮助

明亮的房间、家具以及蒙台梭利教具只是构成了"有准备的环境"的一半,另一半就是你——大人。

蒙台梭利环境中的大人可以扮演如下三个角色来帮助儿童:作为主要"看护者"和工作室、家具摆设以及教具的看守者;作为儿童与教具互动的"协助者";作为儿童工作和发展的"观察者"。你可以同时担任三个角色,但不是传统意义上的儿童教师,因为在蒙台梭利环境中,儿童通过积极探索进行学习,而不是通过被动接受。蒙台梭利称担任以上三种角色的大人为环境的"导师"。

导师的"看护者"角色很重要。因为儿童在环境中通过独立使用教具达成自我发展,也就是说,这些物品及其摆放的方式,必须能够对儿童产生足够的吸引力。尽管作为一个大

人，你将会考虑到你自己的趣味和需求，但是请尽量让儿童在环境中感到舒适和方便。

首先，教具必须完整，没有缺损，供应足够的学习用品，如纸张或铅笔。所有的教具和学习用品应当整齐地摆放在书架上，在固定的位置上排成一条直线，还要确保取下一件物品时，不会影响到其他物品的摆放。教具应得到及时的维护，即一旦发现上面有任何刮擦或划痕，马上用相同的油漆修复，如有零件损坏，则应尽快更换。教具、书架、桌子应当非常干净。每天为它们掸掉灰尘，用湿布清除上面的污垢和手指印，大约每周一次。

这些任务的执行不仅要有规律性，还要考虑儿童对教具的反应。例如，如果某个教具被忽略了，可能是因为儿童拿不到它，这种情况下，你应当告诉儿童教具已经转移到方便取用的地方；也可能是因为教具坏了，这种情况下，你应当及时修理或更换教具。顺便提一下，如果你在儿童在场时履行看护职责，那么你希望儿童如何进行蒙台梭利活动，你也要以同样的方式进行你的工作。举个例子，即使你赶时间，也不能一次拿多过一件的物品，不能显得匆匆忙忙，马虎大意，不能粗暴地对待教具，因为儿童会吸收并模仿这些坏习惯。

"协助者"的角色将占据导师绝大部分的时间和精力。在扮演这个角色时，导师才真正地为儿童讲解蒙台梭利活动的内容。通常每次只教一个儿童一个活动。讲解时，导师有三个主要责任。

第一，在儿童发展的特定时期，应当选择适当的时机讲解每个活动的内容，这样可以挑战儿童的智力和身体能力，衔接儿童先前的某些经历，从而激励儿童认真听讲，并在之后独立地尝试活动。为了形成挑战，做讲解的导师必须尽量完美地演示活动，要表现出十足的信心、优雅熟练的动作。这种完美的演示将会被吸收性心智所吸收，促使儿童为了达到这样完美的程度而不断重复活动，不会望而却步。导师必须知道儿童在尝试过程中何时遇到最初的困难，然后制定相应的辅助练习。

第二，在儿童的好奇心被所介绍的活动激发后，导师必须克制自己，让儿童自发选择并独立尝试活动，不要去干扰，不要做任何评价，不要上前协助。换言之，你必须克制自己上前帮忙的冲动，好让儿童自由地探索新教具，并且努力完成讲解的内容。然而，如果儿童出于某些原因无法完全理解讲解的内容，或者看起来不明白一个重要的步骤或技巧而无所适从，那么导师应该在之后不久重新做讲解。

导师应在儿童淡忘失败经历的时候重新讲解活动内容，只要说："我们再来学习一下如何使用这个教具"，不要提起儿童之前的尝试和学习。在重复时，导师重点强调儿童在活动中未掌握的要点。

困难的性质不一，有些困难可以通过练习来克服，而有些困难则表明儿童未掌握讲解内容；其中的差异就要靠导师来掌控。如果儿童没能掌握讲解的重要信息，而此后又没有及时地重新学习，他很可能会开始错误地使用教具——即背离了活动最初的目标（看似不可能达到的目标），并创造出另一种更容易的方法去使用教具。例如，粉红塔搭建活动要求儿童将 10 块大小不一的方块

积木按从大到小的顺序来搭建一座塔。没有听懂讲解要点的儿童将不能搭建出一座塔。如果导师没有发现这个问题及其原因,没有重复讲解,儿童最后将放弃搭建一座下面大上面小的尖塔,决定用积木搭成房子或城堡的形状,或者仿造列车的形状,因为这些目标更容易达到。

第三,当儿童通过多次练习,最终熟练地掌握一个活动及相关练习时,导师必须帮助儿童认识到这一过程中所学到的东西。这就需要让儿童从更广的意义层面上,理解和应用活动的原理,以及从活动中所获得的技巧和知识。紧接着的蒙台梭利活动,经常是在前面那些活动的概念的基础上达到这样的目的。但是,导师应当为儿童提供其他运用新技巧的机会,如组织小游戏、在整理环境时让儿童帮忙做些小事情。例如,可以让学会搭建粉红塔的儿童,将散落一地的书本按从大到小的顺序叠放。在条件允许的情况下,感官活动非常容易转变成游戏。

在此之前，我们所讨论的理论概念清楚地表述了导师讲解蒙台梭利活动的责任。导师的讲解成功与否，取决于吸收性心智的表现。儿童的反应决定于正在扩展中的智力结构的准备情况，这主要体现在敏感期。最后，作为协助者的导师应尽的三项责任——提供挑战任务、允许儿童练习、拓展所学内容——这些都基于学习的三个阶段即吸收、联系和运用。

导师的第三个角色——"观察者"，主要是为了辅助导师作为协助者的工作。正如我们所知，为了确保讲解对儿童形成挑战性，导师必须把握介绍活动的时机。这种对时机的判断，基于导师对儿童成长过程的长期观察。成长表现为儿童在敏感期达到的水平和儿童从预备活动中获得足够的经历。还有，导师在讲解时，必须仔细观察儿童是否兴趣浓厚，提供互动机会，吸引住儿童的注意力。当儿童正在独立地进行一个活动时，导师必须站到一旁，观看活动中出现的问题，判断是否需要重新讲解，如果需要的话，需要强调哪些要点。当儿童已经掌握了活动，需要学习另一个难度更大的练习、进行计划中的下一项活动，或实际应用于简单的游戏和任务，导师仍要在旁观察。

通常，导师必须不断地观察儿童每天所选择的活动，发现儿童的兴趣所在。这些对儿童的整体观察非常重要，不必把书中所描述的几套活动方案作为教学纲领来执行，应当根据儿童真正的意愿制定新的活动内容。譬如，如果儿童选择很多体力活动，导师应该为其安排运动量较大的活动；如果儿童似乎对阅读和印刷品特别感兴趣，导师应该安排会用到图表、标签或书本的活动。

还有儿童对一些特别的物品，如船、石块或衣服，表现出特别的兴趣，导师应该尽可能地将这些物品融入活动中。例如，在数学活动的记忆游戏中，为儿童提供数数用的"石块"。简而言之，如果导师成功地为儿童准备了环境，那么儿童必定可以反过来引导导师。

如果效果不错，可以将所有这些日常的观察都记录到日志中。一名导师如果同时带几个儿童，那么每天下课前要对每个儿童做简要记录，写明讲解内容、被重复的内容、需要重复的要点、儿童的学习情况和偏好。导师应该每周末翻看这些记录，以便更好地了解每个儿童的需求和喜好。

照料特别为儿童准备的环境，协助儿童独立进行活动，耐心地观察整个过程，同时扮演蒙台梭利导师的这三个角色，对大多数人而言，较为困难，而且会有些不自然。例如，如果让我们凭自己的本能来开展协助者的工作，那我们可能会为了不吓到儿童，而喋喋不休地想要使讲解变得生动有趣。之后我们总是想要提示和帮助正在进行活动的儿童，并替儿童完成一部分看似太难或费时的工作。我们将会不断地忽视不完美的工作，从不重复讲解，将儿童的错误归咎于懒惰和调皮，遇到问题总是换到方案中的下一个活动，而不是致力于解决问题。如果以这种方式开展蒙台梭利活动，那么这样一个原本效果显著的教育辅助方式，将对儿童不起任何作用。虽然这种对儿童成长最有利的成人行为，让我们觉得不自在，但所有精心准备的活动能对儿童产生良好的效果，因此我们需要从感情和态度上做好成为蒙台梭利导师的准备。

首先，我们要端正自己的态度，不要希望教导儿童或以其他方式支配儿童，而只是为儿童自然成长提供一个最好的自由发展环境。其次，我们应该意识到，虽然使用蒙台梭利教具，将会产生为儿童的吸收性心智提供文化和智力方面的素材，但仍然需要我们大人提供自己感情上的、道德上的和精神上的示范。因此，我们应该在情感上要具有同情心，在道德上要容忍，在精神上要谦虚。再次，当我们向儿童展示自己的情感、道德和精神的真实面貌时，我们要知道自己的弱点，切记不要先入为主和持有偏见，不断地重新审视自己的动机，认识到自己的错误并吸取经验教训。总之，我们必须诚实。儿童会把我们的行为看在眼里，然后将其与我们所说的话做比较。我们不应该在儿童面前装腔作势，因为这不仅会被他们看穿，还可能会使他们不再信任我们。最后，我们应该相信每个儿童的本性都是善的，尽管我们面对的儿童不似天使那般可爱，但我们知道，在他体内某个地方一定有个天使，我们只要提供适当的自由和机会，就能促使儿童展现善的本性。

蒙台梭利坚信，我们大人作为儿童世界的一部分，可以阻碍也可以促进儿童的成长。作为蒙台梭利导师，我们的目标是要了解儿童，帮助他们成长。

活　动

在儿童之家任教的多年时间里，蒙台梭利为幼儿开发了许多有趣的活动。这些活动根据我们所讨论的理论为儿童提供激励因素和经历，丰富吸收性心智，满足敏感期和儿童内在智力结构扩展的需要，遵循三阶段学习的过程。为了使家长和教师了解活动的介绍顺序，并满足儿童对于新经历不断变化的需求，蒙台梭利将活动划分为4个学科或科目，并且排列每个科目中活动介绍的先后顺序。对于儿童而言，这些科目之间差别既不明显也不重要，实际上，大多数活动所产生的经历不只适用于一个科目。所以单纯地强调科目间的区别是没有用的。4个科目不分先后，几乎是同时进行的。但正如以下的清单所列，最好能先开展某个科目的某些活动，与此同时或稍后，再进行其他科目的某些活动。

一个由实践活动组成的科目，能培养日常生活中基本的个人能力和社会技能，如穿衣服、打扫清洗和举止礼貌。另一个科目由感官活动组成，主要是为了提高和扩展儿童对世界的感知力。另外两个科目是让儿童开始阅读和书写的语言活动和让儿童学会数数和算术的数学活动。

培养独立能力

在设计教学方法时,玛丽亚·蒙台梭利的目的只有一个:帮助儿童顺其自然地发展。因为儿童成长的终点就是成为一个独立且能完全适应环境的成年人,我们提供"成长"的任何帮助都必须培养独立能力和自我管理能力。因此,实施蒙台梭利教学方法的初衷就是培养儿童的独立能力。

蒙台梭利教学法按照如下两种方式培养独立性:第一,从短期看来,它提供学习的自由和独立空间;第二,从长期看来,它有利于儿童获得生存本领,即那些带来更好的选择以及让人不再依赖他人的技巧和能力。

让我们先来谈谈学习自由。我们都听说过以自由为主的教学方法,儿童可以参加任何他们感兴趣的活动也可以不参加任何活动,只要他们不受伤害也不打扰别人。而蒙台梭利环境中的自由不同。蒙台梭利教学法引导并支持儿童深思熟虑后再做选择,而不纵容他们凭一时的兴致行事。虽然"随兴致行事"乍看之下像是自由,但人们最终会发现这其实是一种限制。如果随心所欲,就将会适得其反,止步不前,无法实现内心的深层愿望,无法做出长远的打算。真正的自由,在蒙台梭利认为,是对自我命运的控制，也就意味着控制自己的一时兴起，向着长远的目标努力，对自己的行为及其产生的结果进行有意识地选择。换言之，真正的"自由"表现为一举一动都经过深思熟虑。我们必须学会这种自由，并且引领儿童一点一点地接近它。

当儿童刚刚进入蒙台梭利环境时，我们可以让他们在明显对立的经历之间，进行简单的选择，例如，选择安静的活动，如用"穿衣框架"进行学习；抑或动态的活动，如打扫屋里所有的桌面。为了让儿童领悟做出适合自己的选择需要自我评估，因此供儿童选择的各种早期活动是完全不同的，体现让儿童能够接受的各种对立面，这一点很重要。之后，我们会为儿童提供很多活动，更多的选择，四个到五个的样子。每个活动都形成相应的难度来激励儿童多加练习并促进其成长。我一再强调我们必须要关注并遵照儿童在选择时体现的兴趣，创造条件让他们顺其自然地发展。渐渐地，儿童不需要导师指明选择项，因为他们已经懂得从我们所介绍的教具以及书架上未曾用过的诱人教具中选择适合自己的教具。

儿童自由选择游戏的必然结果是儿童凭个人爱好来决定何时、何地、持续时间长短、频率和速度的自由。例如，儿童在家庭蒙台梭利环境中进行

活动,时间可定在黄昏或黎明之际,地点可在钢琴房或卧室,可持续10分钟或整整8小时,可12天连续进行,也可12天只进行一次,可以高速度、高强度地开展活动,也可以时不时地四下闲逛或发呆。在群体环境中,除了上述的自由外,一个儿童还可以与另一个儿童合作进行活动,只要他们

两个人都清楚活动内容。这些自由不只是自由的权利,而是维护儿童的个人尊严。尊重儿童并教会儿童自尊;让他们相信自己的判断,促使他们自由地思考并做出选择。

　　蒙台梭利环境培养的第二种独立能力是学习某些技能和知识,如阅读、书写、数学、地理、社交礼仪、言行举止和持家本领,所有这些都有助于一个人更好地适应生活。这种能力在日常生活中使我们不依赖别人,不受制于人,使我们能够有效地处理事件,探索更深刻、更有价值的思想。这个大千世界特别是这个社会,比任何一个人拥有更大更强的力量和压力。如果我们不懂得这些力量,那它们就会一直阻碍我们。如果我们能洞悉这些力量,学会适应它们,我们可以将其转化为推动力。

蒙台梭利把儿童逐渐独立的成长过程，归结为不断地暴露于更大的空间或者获得更多的自由去适应不断扩大的空间的过程。出生是第一次获得自由，婴儿从子宫中被释放出来，却要面对外面变化无常的环境。第二次暴露是在出生后的一到两个月，婴儿的吸收性心智开始将其面对的世界和感官印象具体化。第三次获得自由是断奶，这让婴儿不再依赖母亲的身体，但婴儿得学会自己喝奶以及表达需求的一系列复杂的动作。在开始牙牙学语后，婴儿就开始进入社会生活，不再是与世隔绝的孤独思考者，但必须开始处理社会期望和评价。儿童在1岁左右开始学走路，暴露于更大的探索领域，但也有责任知道什么时候和什么地方是不该探索的。儿童暴露于的探索空间愈来愈大，所获得的新自由和责任也愈来愈大。

在蒙台梭利环境中，以这种方式来思考儿童的成长对我们非常有用。这意味着，作为导师的我们能为儿童适应特定智力空间提供必要的设施，并且能引导儿童从这个空间转向更大的空间，面对激动人心的新机会和新挑战。以自己的速度来适应自由活动，为在这一过程中所学会的新技巧打下坚实基础。这些新技巧转变成新自由，为儿童打开走向更大成长空间的大门。这样循环发展，儿童最终走向一个通常被称为社会的空间，并在其中独立生存，这时的儿童开始被称为成年人。

第二章
实践活动

概　述

　　蒙台梭利相信,"玩耍中"的儿童,不论是在操场、在家里或在学前班中,与"工作中"的成人拥有相同的感觉和需求。成人想要自己拥有一份自己喜欢的、有趣且重要的工作,而不是忙碌的工作和繁杂的琐事;成人希望能得到充分的培训、适当的器具和一个能让他专心致志工作的办公场所;成人寻求他人对自己出色工作的尊重与肯定。蒙台梭利发现玩耍中的孩子同样渴望自己选择有意义的活动;孩子想要清楚活动的细节、得到适当的教具和活动空间;孩子希望全神贯注的努力成果能得到充分的尊重和欣赏。成人的工作和儿童的玩耍在过程和结果上类似。正如成人工作的首要目的是要在大自然中建造一个富足且适宜你居住的社会,孩子玩耍的首要目的是让自己从婴儿成长为独立、慈爱的成人。蒙台梭利认识到了这些相同点,所以更喜欢把儿童的"玩耍"称为儿童自己的特殊"工作"。

　　一些大人对蒙台梭利教学法的"工作"行为准则持警惕态度,担心这会让儿童失去欢乐而没有负担的童年——如假扮他人,玩游戏,举止可笑,在户外跑来跑去,与伙伴们搞恶作剧,或者只要他们喜欢可以什么都不做。这些父母自己饱受压力和焦虑的

折磨,决定不那么早就让幼儿开始接受教育并工作。他们坚信早期的童年应该充满欢乐、无忧无虑。

蒙台梭利也相信,童年应该是充满欢乐、无忧无虑的。但是通过对幼儿多年的悉心观察,她对儿童天生喜欢的事物以及如何让儿童拥有无忧无虑的童年,形成另外一种不同的理解。蒙台梭利观察发现,跑来跑去、举止可笑和玩游戏,只是让儿童在短时间内感到有趣,之后他们仍然会表现得烦躁不安和不满足。她发现当她没有将大人的放松概念强加给儿童,儿童在玩耍中培养早期生活技能时感到最大的快乐,在被给予方法和自由去关心自己时他们感觉最无忧无虑。换言之,如果"玩耍"能够让儿童在指定的"工作"中进步,儿童似乎就得到最大的满足。这种工作是将一个无助的婴儿培养成一个独立的成人。(如果儿童对这项工作满意,那么他们就会像勤奋工作的大人那样想要放松、胡闹、玩游戏或者就休息。蒙台梭利环境还提供大量的放松机会。)

鉴于这些发现,蒙台梭利设计了特别的"玩耍"活动,为孩子提供真实的生活经历,不仅仅是假想的经历,从而帮助孩子在"工作"中成长为一个有条不紊的大人。在蒙台梭利环境中,孩子不是假扮成开拓者或冒险家,而是真真正正地去探索这个世界,探索这个世界的地理、文化、历史。蒙台梭利儿童不只是和布娃娃玩耍,或者在儿童游乐室内玩耍,而是真真切切地关心他人,打扫和维护工作环境,并学会得体的行为举止。蒙台梭利将后面的活动称为"生活实践活动",如关心他人、注意环境和社交礼仪。

实践活动是儿童在蒙台梭利环境中最先接触到的活动。因为这些活动能立即满足儿童内在的需求以及对自立的渴望。

实践活动让儿童做他们平时看到的大人所做的事情,例如自己穿衣服、打扫卫生、同别人打招呼。这些活动让儿童有机会得到锻炼。

因为实践活动是专为培养儿童实际生活能力而设计的,所以开展活动所用的器材应该是真正的工作器具,而不是大人所用器具的玩具版。例如,打扫活动中的扫帚应该是由上好的猪鬃制成,倒东西用的罐子应该是用上好的陶瓷制成。虽然这些器具不是玩具,但应该被制成适合儿童使用的大小,以便使用。正如所有的蒙台梭利教具,每件实践活动的设备在环境中都有其特定的位置,儿童即使在没有大人帮助的情况下,也能够拿到这些实践活动所需的所有东西。

第二章
实践活动

实践活动可分为三类：动手能力、自我培养和关注环境。动手能力包括倒东西、打开盖子、手持书本，以及拿易坏的物件等，这些都是大人为了方便起见，想要加快进程，或担心孩子不小心出乱子，而经常为幼儿做的简单任务。自我培养包括举止优雅，社交礼仪，以及如自己穿衣服、洗澡等自理能力。关注环境是家务劳动的艺术化名称。这里的劳动是指幼儿一直看到大人在做，但他们从没有参加过的家务活。

孩子参加实践活动的目的，是体验劳动过程，而不是为了结果。如果你正在教一群孩子，那么实践活动最终会对孩子所在的蒙台梭利社团产生良好的作用。例如，画桌被在练习擦洗桌面的孩子清洗得十分干净，书架被打扫得一尘不染，垫子被收好并叠放整齐，椅子被推进桌子底下，不会绊倒别人，孩子向来访客人热情打招呼并让座，衣服被整齐地挂好以便寻找。儿童很快意识到他们对自己的环境负有责任，这强化了他们对他人和自己的尊重。

动作解析

每项体力活动都有一到两种最有效的开展方式。举个例子，如何解开上衣纽扣，你是用一只手抓住纽扣的一边，用另一只手轻轻地撑开扣眼，然后让纽扣滑出扣眼？还是只用一只手，用两个手指把衣襟上提，同时用大拇指把纽扣推出扣眼？也可能你只是拽衣服的两边直到纽扣都自动打开。有些解开纽扣的方法会弄坏衣服，而有些方法则浪费时间，可能总共有一到两种的解纽扣方法，既不损坏衣服又能快速高效地解开纽扣。为什么不是所有人天生就用这种解扣方法？大多数人可能是因为没有人教他们如何解开纽扣——他们在童年为此做过一番努力，他们最后所采用的是从那时起一贯使用的方法。

你必须为每个实践找到一个高效可行的方法，并将这个方法传授给儿童。发现理想方法的最佳途径，就是你自己以极慢的分解动作来练习活动并做记录。删除其中带毁坏性质的或无用的动作，确保所有动作都是必不可少的。反复练习这个方法，使其变得精简、流畅、高效。然后在动作清单上以下划线标出要点。这些要点一旦被忽视，活动就无法完成。当你不停地练习某个方法直至养成习惯之后，你会发现自己在现实生活中不知不觉地用到它，然后你就可以把这个方法传授给儿童。

　　每个实践活动的讲解必须阐明活动的每个分解动作，强调动作要领，要求一步步，不温不火地进行，最终结果并不是绝对的。这听起来仅仅是教儿童如何解开衣服的纽扣，但在我小时候如果有人教我如何做的话，我就可以省去很多缝纽扣的麻烦，可能我的衣服也能穿得更久些，避免了起步阶段无谓的努力。

　　有些过于复杂的动作应该分阶段向儿童讲解。每个阶段的讲解都必须让儿童取得一定的进展，这样每个阶段就成为整个活动这个大周期内的一个个小周期。

　　如果儿童在听完讲解后开始独自尝试活动，但是无法达到活动目标或完成这个周期，那么可能是因为他漏掉了其中一个动作要领。所以有必要进行第二次讲解，让儿童清楚地知道自己在第一次讲解中不小心忽略掉的动作要领。

　　在本节之后列出了你希望分析和讲解的实践活动。这份清单非常长也非常详尽。你完全可以添加你认为在你的团体或社会中有用的其他日常生活活动。这样你就可以更好地理解什么是活动中的"动作解析"，本章还会叙述四个已做动作解析并形成高效方法的实践活动。在这四个活动的介绍中，都列出了动作要领。如果你觉得提出的这些活动的方法奇怪或古怪，那么你一定要自己进行动作解析。最简单的活动——用两个罐子互相倒豆子，可以被分解成五个动作，让你知道解析可以有多么细致。

实践活动

1. 用两个罐子互相倾倒豆子

目的：促进儿童的协调能力、自理能力和以下的动手能力：端着盛放物品的托盘；单手倒东西；拿起和放下易碎物品。让儿童学会倒饮料和参与烹饪及进餐时间的活动。

教具：将两个小陶罐放在一个长方形的小托盘两边，陶罐把手朝外，罐嘴相对。右边的罐内装入小干豆至2/3满，扁豆为佳，小扁豆也可以。

准备：确保罐内有足够的豆子；确认装有豆子的陶罐放在右边。

讲解：

（1）说出倒豆子用的托盘名称，指出其放置的位置，然后将其放在桌子上，确保将装有豆子的陶罐放在托盘的右端。

（2）让儿童坐在你的左边。

（3）说："我将示范如何倒豆子，仔细看，等会你们也可以动手来倒。"

（4）抬起一只手放在装满豆子的陶罐边上，与托盘同高。

（5）食指和中指向前伸展。

（6）慢慢地把伸展的手指放到装满豆子的陶罐的把手上。

（7）用这两个手指勾住把手，指尖朝向自己。

（8）这只手的拇指放在把手的上面，轻轻地抓住把手。

（9）现在抬起另外一只手，与托盘同高。

（10）向前伸展这只手的食指和中指，手掌心对着另一只手的手臂。

（11）慢慢地将伸展的手指放到两个陶罐之间。

（12）将指尖轻轻地贴在装满豆子的陶罐的罐嘴下方，但不要碰到罐嘴。

（13）这样一手抓住把手，一手的指腹扶住陶罐，向上提起陶罐，直到你伸展着的手指达到空陶罐的罐顶齐平的高度。

（14）现在把装有豆子的陶罐靠近另外一个陶罐，直到你伸展着的手指几乎要碰到这个陶罐，慢慢地向上转动把手，将陶罐罐嘴对准空陶罐的罐口中央。

（15）继续转动把手，直到听见豆子滚落的声音。

（16）再转动一点，倒尽陶罐中的豆子。

（17）慢慢地反方向转动把手，伸展手指保持在空中的位置，直到现在的空陶罐直立。

（18）将现在的空陶罐慢慢地回复到原位上方。

（19）轻轻地把空陶罐放到托盘上。

（20）小心地将伸展的手指从空陶罐上松开，慢慢收回这只手放回膝盖上。

（21）将另一只手的大拇指从空陶罐的把手上方抬起。

（22）慢慢地将手指从把手上移开，整只手抽离陶罐放回膝盖上。

（23）查看托盘上是否有洒落的豆子。

（24）如果你看到托盘上有洒落的豆子：

a. 将注意力集中到一颗豆子上。

b. 靠近豆子的那只手抬至与托盘同高。

c. 用这只手的大拇指和食指伸向豆子。

d. 大拇指和食指略微分开，慢慢地移向豆子，如果豆子在陶罐的后面，请绕过陶罐到后面去（不要穿过陶罐上方去取）。

e. 将大拇指和食指的指腹分别放在豆子的两边，轻轻地碰到托盘。

f. 用大拇指和食指的指腹抓紧豆子。

g. 慢慢地举起豆子至略高于陶罐口的高度。

h. 慢慢地移动手将豆子送到装满豆子的陶罐口上方。

i. 松开豆子，让它落到陶罐中。

j. 保持手的高度不变，直接收回手。

k. 集中注意力到托盘上另一颗洒落的豆子。

l. 如果这颗豆子与上一颗在托盘的同一边，重复步骤（c）到（k）。如果这颗豆子在托盘的另一边，将抬起的手放回到膝盖上，并重复步骤（b）到（k）。

m. 重复步骤（b）或（c）到（j）直到托盘上看不到任何豆子，仔细检查陶罐的背面。

（25）将豆子倒回第一个陶罐，换手重复步骤（4）到（22）

蒙爸蒙妈亲子拓展

哥伦布竖鸡蛋

有一个非常著名的问题：怎样把一个鸡蛋竖起来？根据记载，克里斯托弗·哥伦布知道答案。

故事是这样的：西班牙的贵族们给哥伦布出了一个难题，要求他把一个鸡蛋竖起来。

所有人都认为他不可能做到。哥伦布拿起鸡蛋，轻轻地敲破了鸡蛋一端的一点蛋壳，轻而易举地就把鸡蛋竖起来了。这个故事的寓意在于，很多看上去非常困难的事情很可能会有一种非常简单的解法。

如果要求不能弄破蛋壳，你还能把一个鸡蛋竖起来吗？

然后重复步骤（23）和（24）。

（26）让儿童尝试倒豆子，先将右边陶罐内豆子倒入左边的陶罐内，然后再倒回右边。然后选择合适的时间让儿童自己以这种方式倒豆子。

动作要领

——在提起装满豆子的陶罐时双手用力均匀，在倾倒之前保持陶罐垂直于水平面。

——在倾倒之前，将陶罐提至一定的高度。

——转动装满豆子的陶罐，罐嘴不要撞到另一只陶罐。

——倒的时候，将装满豆子的陶罐罐嘴对准空的陶罐罐口中央。

——慢慢地倒。

——手指松开把手时不要被卡住。

——仔细寻找洒落的豆子，不要漏掉可能在陶罐后面的豆子。

2. 扣纽扣

目的：儿童通过学习如何穿衣服和准备出门、如何让自己适当地暖和起来或者凉快些，如何注意自己的个人仪表，来发展自身协调能力并培养独立能力。在活动中介绍扣纽扣的技巧，儿童就没有因为穿衣服时，大人在一旁等候而感到的压力和焦虑。

教具：扣纽扣专用的穿衣框架。这是一块木制的方形框架，上面用大头针固定着两片略有重叠的长方形布片。用大头针固定在框架的两边的布片边缘。在两片布重叠处,一片布有 5 个相应的纽扣孔。两片布扣在一起时刚好能遮住框架当中的空间。

(DIY 提示:从旧衣服上裁剪下这两片布,把裁减的边缘缝到一块方形的硬纸板上。)

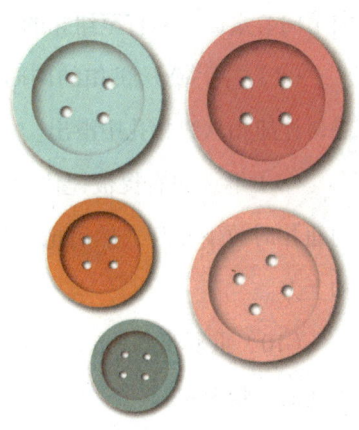

准备:确认穿衣框架上的纽扣都已经扣好。

讲解:

(1)说出穿衣框架的名称,指出哪个是用于练习扣纽扣的框架,并把框架拿到桌子上。

(2)让儿童坐在你的左手边。

(3)将框架放在你面前的桌子上,上层的布片即带有纽扣孔的布片正好在你的右侧。

(4)说道:"我将示范如何解开并再扣上纽扣。看好了,等下要轮到你们来做。"

(5)用右手大拇指和中指捏起最远的那颗扣子的右侧,大拇指在上,中指在下。

(6)用左手大拇指和中指捏起上层布片靠近那颗扣子的部位,大拇指在上,中指在下。

(7)轻轻地向左边拉被捏住的布片边缘,同时将纽扣的左侧向下向着桌面翻,直至纽扣的左边缘滑进纽扣孔。

(8)右手松开纽扣的同时,左手向右提起被捏住的布片边缘,让纽扣从纽扣孔中滑出。

(9)继续向右提被捏住的布片边缘,直到看见下一颗未解开的纽扣时放下布片,然后把布片放回原位这样纽扣孔就刚好在纽扣上方。

(10)重复步骤(5)到(9),按照从远到近的顺序依次解开下面的4颗纽扣。

(11)现在,一只手的大拇指和中指捏住带有纽扣孔的布片左上方,另一只手的大拇指和中指捏住这块布片左下方,两手同时提起布片并向框架右边翻开到桌面上。

(12)对缝有纽扣的布片重复步骤(11)的动作,两手同时提起布片并向框架左边翻开到桌面上。

(13)看到框架被打开后,告诉儿童这个框架现在被"解开"了。说道:"接下来我将扣上这些纽扣。"

(14)同之前一样捏住每片布片的上下两个角,将布片拉到框架当中,先是带纽扣的布片,然后是带纽扣孔的布片。

(15)用右手大拇指和中指捏住带纽扣孔的布片左上方,中指在上,拇指在下。

(16)微微提起捏住的部位对准最远的那颗纽扣。

(17)用左手大拇指和中指捏住最远的那颗纽扣的左端,大拇指在上,中指在下。

(18)右手中指的指腹抵住纽扣孔,并将纽扣的右端放入纽扣孔抵住这根手指的指腹。

（19）右手大拇指松开布片并和右手中指一起去抓纽扣孔内的纽扣右端。

（20）左手松开纽扣去抓住上面那块布片左上端靠近最远的那颗纽扣的地方。

（21）轻轻地将上面那块布片拉向左边，同时轻轻地将纽扣拉向右边，直到纽扣的左端穿过了纽扣孔。左手松开，但右手的大拇指和中指仍然拿着纽扣。

（22）将左手大拇指放在纽扣左边的下方，抵住纽扣孔左边的布面上轻轻地向桌面压，确保纽扣完全穿过纽扣孔。

（23）双手收回放到膝盖上，和儿童一起观看那颗已扣好的纽扣。

（24）重复步骤（15）到（23），按照从远到近的顺序，依次扣上下面的4颗纽扣。

（25）让儿童尝试着解开并扣上最远的那颗纽扣。然后选一个合适的时间让儿童独立完成这项活动。

动作要领

在解开纽扣时：

——在将上面那块布片拉到左边时，动作一定要温柔。

——向下翻纽扣和向左边拉布片边缘要同时进行。

——尽量将布片拽离纽扣。

——从远到近依次解开纽扣。

在扣上纽扣时：

——先盖上带有纽扣的布片，再盖上带有纽扣孔的布片，这样带有纽扣孔的布片就在上面了。

——从最远那颗开始，依次扣上，不要漏掉任何一颗。

——每个纽扣都要对准相应的纽扣孔。

——你的中指指腹只要抵住纽扣孔就可以了，不要穿过纽扣孔。

蒙爸蒙妈亲子拓展

五角星（1）

你能用上面的6个直角三角形拼出如图所示的五角星吗？

五角星（2）

你能用同样的图片拼出一个六角星吗（类似旋转的风车）？

——从纽扣孔中捏住纽扣以便将其穿过纽扣孔。

——把纽扣从纽扣孔中完全拉出。

——将大拇指压在纽扣下面,确保纽扣完全穿过纽扣孔。

3. 打扫木屑

目的:促使儿童通过学习维护家里和工作地点的卫生——特别是如何打扫地板上干燥垃圾、尘埃来培养独立能力。结合使用之前所学的实践技巧,如掸掉灰尘和搬动满满的容器。儿童为了达到一个目的而去努力完成一系列单独的活动,从而加强儿童集中注意力的能力。

教具:

一片未铺设地毯的地面。

一把适合儿童使用的短柄扫帚,扫帚的猪鬃要强韧且高质量。

一套便于儿童抓握的畚箕和刷子。

一支小拖把,每天用水沾湿。

一个装有一杯谷粒大小的木屑的盒子。

一个装有一两支粉笔的纸盒。

(虽然不作硬性要求,但是上诉物品的颜色最好相同,以便于儿童能够明白这些物品与打扫木屑的活动相关。)

房间里备一个废纸篓,其开口要比畚箕的开口大。

准备:

——确保拖把是湿的。

——确认箱子内有一杯左右的木屑。

——划定一个宽为一支扫帚柄长短,长为两倍扫帚柄长短的空间,在活动期间,不会有人经过这块地方,挨着墙壁或其他隔断。

——确认扫帚和刷子是否干净、畚箕是否干净没有任何垃圾。

——粉笔盒内至少有一根粉笔。

讲解:

(1)说出用于打扫木屑活动的各种教具的名称。

(2)指出"准备"过程中所定的地面,并告诉儿童你将示范如何打扫这块地面。说道:"先由我来打扫,你要仔细看,接着就由你来打扫。"

(3)将所有的教具都拿到选定的地面空间来,每次只拿一件。所有物品都按以下顺序从左到右排列在靠近空间"入口"的墙（或隔断）上：木屑盒、粉笔盒、扫帚、畚箕、刷子和拖把。扫帚和拖把的柄都竖直靠在墙上，而其他物品都放在挨着墙面的地面上。特别要注意的是不能把第一件物品也就是最左边的木屑盒放到容易被踢到或绊倒别人的地方。

（4）和儿童一起观察这些东西挨着墙角的顺序。然后双手捧起木屑盒放到选定空间的最远处。

（5）面朝地面的最远处站着，一只手拿着木屑盒，另一只手伸进盒内。用手指抓一大撮木屑，向前伸出那只手，然后让木屑散落在地面上，手一边撒一边慢慢向后移动。往后面看一眼，然后向后即入口方向退一小步。

（6）重复步骤（5）直到你走到选定区域的中心。然后，再抓一撮木屑，撒到地面上。不停地重复步骤（5），像先前那样，每次抓一小撮的木屑，直到你退到空间的入口处。

（7）步骤（5）和（6）中所需要的木屑大约为四大汤勺的量。将木屑盒放回原位。

（8）一只手小心地拿起粉笔盒，另一只手从中挑出一支粉笔握在大拇指、食指和中指当中。将粉笔盒放回原位。

（9）让儿童和你一起注意观察在选定的地面空间里哪块地方的木屑最多。［如果步骤（6）没有出错，这块地方大概在空间的中央。］

（10）慢慢地走向这块地方，走的时候要踩在木屑最少的地方。

（11）弯下腰用粉笔在这块木屑最集中的地方画个圆圈。（圆圈的直径略大于畚箕的开口为佳）。

（12）慢慢地走回到空间的入口处，同先前一样踩在最干净的地方。

（13）用没拿粉笔的那只手去捡起粉笔盒，把那根粉笔放进粉笔盒，然后把粉笔盒放回原位。

（14）双手握住扫帚柄，一只手握在柄的当中，一只手握靠近柄顶部的位置，从墙边取出扫帚，注意不要碰到粉笔盒。走到空间的入口外面。

（15）面朝着空间的入口处，人站在扫帚的后面，让扫帚的毛刷离身体一定距离并且向下，把扫帚的鬃毛轻轻地放在入口处的地面上，距离撒着木屑的地面约0.3米。将入口处的木屑扫向粉笔画的圆圈内，扫的时候要平稳且幅度小，不要漏掉任何木屑。

（16）以这样小幅度的推动式打扫方法，把在入口处和圆圈之间的木屑都扫入粉笔圈内。每次将木屑扫进圆圈后，轻轻地提起扫帚，让鬃毛离地几厘米停留在圆圈上方，向下抖动几次鬃毛以便抖落其上面的木屑。

（17）然后，站在没有木屑的地方，以同样的扫地方式，把圆圈左边和右边的木屑都扫入粉笔圈内。记住，要再次将粘在扫帚上的木屑抖落到圆圈内。

（18）最后，将圈外所有的木屑都扫进粉笔圈内，打扫时双脚只踩在已经打扫过的区域。同上，站在没有木屑的地方，以同样的推动式方法打扫。再次抖动鬃毛使粘在上面的木屑落到粉笔圈内。

（19）仔细地检查粉笔圈外的整片地板空间，看是否还有任何木屑。如果有，用推动式方法将其扫进圈内。再次查看一遍，然后把扫帚放回原处靠在墙上。

（20）一只手握着畚箕的柄提起畚箕，畚箕口对着另外一只手。另一只手拿起刷子，刷毛朝下。走到粉笔圆圈边上。

（21）将畚箕放到地板上，畚箕口正好碰到粉笔圈，畚箕在圈外。然后，保持畚箕口位置不变，将畚箕的尾部抬高大约5厘米。

（22）轻轻地把毛刷的鬃毛放在与畚箕口对面的粉笔圈外。

（23）用刷子的侧面将木屑扫向畚箕口，扫进畚箕内，当所有的刷毛都进到畚箕的下边缘时停住。

（24）毛刷的鬃毛慢慢地转向畚箕内，轻轻地拍打畚箕口的上边缘，使粘在上面的木屑落下。

（25）将刷子完全地移出畚箕。慢慢地将畚箕抬离地面，向后倾斜，使畚箕口边缘的木屑都落入畚箕内。

（26）重复步骤（21）到（25），但是畚箕每次对准的粉笔圈的不同位置。

（27）重复步骤（26）直到圈内所有的木屑都被扫进畚箕内。

（28）在进行步骤（21）到（27）时可能会有些木屑撒到圈

外区,用毛刷轻轻地将这些木屑扫回到粉笔圈内。然后重复步骤(21)到(25)。

(29)提起畚箕时,将其尾部向后倾斜,畚箕口朝上,另一只手拿着毛刷,慢慢地走向废纸篓。放下畚箕,让畚箕口正好在纸篓边缘内侧。然后,很快地向上提起畚箕尾部,将里面的木屑倒入废纸篓中。用另一只手上的毛刷轻轻地将粘在畚箕边缘上的木屑刷入废纸篓内。

(30)将畚箕和刷子放回原处,靠着墙。

(31)一只手提起湿的小拖把。

(32)将拖把头放在粉笔圈上的任何地方,轻轻地小幅度来回拖动,擦掉粉笔圈。这样绕着圆圈拖地,擦掉地面上的粉笔痕迹。

(33)将拖把放回原处,靠在墙上。

(34)除了木屑盒内的木屑减少外,所有教具和地面空间和活动开始时的一样。这时,你可以马上或者稍后让儿童自己尝试打扫木屑活动,将木屑撒到同一块地面上,然后打扫干净。查看所有教具和地面是否干净,如果没有,指出并让儿童纠正。

动作要领

——教具应当按顺序摆放在墙边的相应位置。

——将木屑盒放在不会被人踢倒,不会有人经过的地方。

——每次只撒一小撮的木屑,不是一大把。

——每次撒完木屑,先回头看一眼再往后退。

——不要把木屑撒到选定区域以外的地方。

——用粉笔在木屑最集中的地方画圆圈。

——所画的圆圈大小足够容纳所有将被扫进来的木屑，但其直径只比畚箕口略大一些。

——以圆圈为界，打扫的时候要站在与木屑相对的一边，只能用推动式的打扫方法。

蒙爸蒙妈亲子拓展

分巧克力

要把这块巧克力分成64块相同的部分，你最少需要切几次？

注意：你可以把已经切好的部分放在没有切的巧克力上面。

这有一个很好的例子可以把我们的难题运用到实践中去。你有64个朋友，每个人都想要一块巧克力。快点——你怎么把它分开，让每个人都得到一块，并且尽量避免争吵？

——在圆圈上方抖落粘在扫帚鬃毛上的木屑。

——查看所有需要打扫的木屑。

——在向畚箕内扫木屑时,畚箕微微向下倾斜,其他时候畚箕都是平放着的。

——慢慢地移动装满木屑的畚箕。

——将畚箕边缘上的木屑刷到废纸篓里。

——扫完木屑后将粉笔圈擦干净。

4. 手持书本

目的:帮助儿童学习如何得体地拿东西,获得协调能力和自理能力。帮助儿童学会如何得体地从书架上取下书本,拿着书本,打开书本封面、翻页、把书放回到立有书挡的书架上。让儿童在没有大人的帮助下,能够在家里、学校或图书馆里阅读书本。为语言活动做准备。为儿童建立集体学习的经历。

教具:一套儿童型的桌椅。一个放了5本以上硬皮书的书架。这些书本保存完好,书脊上印有书名,书内有图画和插图。两个没有任何图案装饰的书挡,用于保持书架上的书竖立,如果书架上已经分成几格,只需要在靠内墙的那格放一个书挡把书立起来。

如果你同时教一群孩子,就需要几把儿童型椅子。

准备:

——将儿童型桌椅摆放在书架前面。

——椅子的座位在桌子底下,而且椅背对着书架。

——书架上至少立着 5 本硬皮书，用一个或两个书挡，确保所有书本直立，书脊朝外。

讲解：

（1）召集一群孩子。（以下活动最好在一群孩子中开展，但也可以根据特别情况以特别对待的方式进行调整。如果你只和一个孩子一起工作，那就让这个孩子坐在你身边。）

a. 选择需要听讲解的孩子。那些进入蒙台梭利环境至少 3 个月时间的孩子才能参加手持书本活动。邀请那些没有拿过书本或不能很好地拿着书本的孩子参加。群体内至少有一个孩子已经听过讲解，并且能很好完成任务；小声地告诉孩子你将要向其他孩子做演示，需要他的帮助。

b. 只邀请那些没有在进行其他活动的孩子参加。为了有足够的人参加，趁着早上，在大多数孩子还未开始个人工作前就召集参加人员。

c. 允许其他没有被邀请但想要参加的孩子参加，但是参加人数不得超过 10 人。听讲解的人数如果超过 10 人，就没办法让所有人都看清楚，让每个人都积极参与。

d. 在邀请孩子时，要靠近孩子，压低说话声音。让孩子带上椅子，坐到靠近讲解桌椅附近的墙边。

e. 如果已经有几个孩子坐在墙边等候，你可以让他们开始一些小活动，使他们在你去邀请其他人时有事可做。例如，让他们触碰身体某个特定部位，走开去邀请其他孩子，回来时再让他们触碰另一个部位。

f. 当你所邀请的孩子都到了,你坐到靠墙的这排椅子前面,唱歌或同他们玩手指游戏,给其他想要参加的孩子一个机会,欢迎他们参加。如果已经有 10 个人参加活动,但还有孩子想要参加,让这些孩子参加当天另一个时间段的另外一组。记住这些想要参加的孩子,以便稍后邀请他们参加。

g. 让小组内的孩子分别带着椅子移到桌椅和书架前面的特定位置,让他们面向桌椅围成一个半圆。确保这样一个半圆的位置排列不会阻碍孩子去书架取东西。

h. 在半圆的位置排列完成后,你就坐到他们前面的桌边,等到所有的孩子都就座完毕后再开始讲解。

(2)手指着书架上的书,问道:"你们知道这些是什么吗?是的,书本。我将告诉你们如何使用书本。大家仔细看,我做完之后会让你们也来尝试。"(在以下步骤中,确保所有的孩子都能看到你的动作。)

（3）走向书架，俯身去看每本书的书脊，每看一本就将左手食指碰一下那本书。然后装作你找到了一本让你感兴趣的书，选择在当中位置的一本书。指着这本书说道："我想要看这本书。"

（4）用右手的大拇指和中指捏住书脊的最上端，轻轻地向下拉书本，直到书本向外倾斜。

（5）用左手牢牢地抓住书本。

（6）左手慢慢地将书本拉出书架，当露出与书脊相对的书本边缘时，用右手抓住它。

（7）回到桌边，双手捧着书，靠近你自己的身体，封面朝上。站在椅子的后面。

（8）小心翼翼地将书平放在桌面上。先将书本封面朝上，水平地下降，直到手指碰到桌面。然后，慢慢地缩回手指，让书本静静地躺在桌面上。

（9）调整书本在桌面上的位置，让书脊落在椅子前面的桌面正中央，书本底边距离桌子的前边缘约几厘米，书本的各边都与桌面相应的各边平行。

（10）静静地坐到书本前面的椅子上，背部挺直靠在椅背上。

（11）看看书本封面上是否有图案或者文字。

（12）右手的中指抵住书本上封面的右上角，让硬皮封面的角微微地陷入你的指腹。

（13）用中指慢慢地向上翻起书本封面，大约5厘米高，左手手指按住书脊使书本固定在桌面上。

（14）将右手的无名指和小指滑到封面右上角的下方。

（15）然后整只右手都滑到封面下方，从右上角往里到书脊，略微抬手推动书本封面。

（16）当封面被推至垂直位置时，左手放到封面的上面，以便于打开封面。这样两手放在封面的上下两面，翻开封面直到左手碰到桌面。

（17）轻轻地将封面下的左手抽回，让封面静静地落在桌面上。如果封面内侧印着文字，那就看一眼。

（18）将右手的中指指腹放在右手边页面的右上角，用中指将这个角向上翻起大约2.5厘米。

（19）右手中指滑落到翻起的角的下面，和落在上面的大拇指一起轻轻地捏住这个角。

（20）大拇指和中指微微地摩擦，感觉一下手上是否只有一张纸。如果手指捏住的纸大于或等于两张，松开手指，重复步骤（18）和（19），直到手上只有一张纸为止。

（21）仍然轻轻地捏着页面右上角，慢慢地将页面向左翻起，画出一个个大弧度，手经过书本的上边缘落在书本的左上角。

（22）将页面翻过去后，松开手指，让页面落在左边。

（23）左手两根手指按在页面折痕的下端，掌心向下。

（24）右手手指按在折痕上，略高于左手。

（25）右手的两根手指微微用力下压，同时沿着折痕向上滑至书本上边缘。

（26）双手收回放在膝盖上。

（27）饶有兴趣地看书本上的内容。

（28）重复进行几次步骤（18）到（27）。

（29）说道："我想我已经看完这本书了。"

（30）左手掌心向上，滑入书本封面的下方，左手大拇指抓住翻开页面的下端。

（31）向右翻起封面到直立位置，右手手指抵住左边翻开页面以便在合上书时固定书本页面。

（32）继续翻转直到封面完全被翻过来，右手手指和左手大拇指被夹在书本内。慢慢地抽回右手手指和左手大拇指，让书本静静地合拢。

（33）从座位上站起，将椅子推进桌子底下。

（34）左手手指伸到书脊下面，右手手指伸到封底右边的下面，大拇指在封面上，双手捧起书。

（35）走到书架边，双手捧着书，封面朝上，靠近自己的身体。站在书架前（记住不要挡住儿童的视线）。

（36）找到书本取出后留下的空隙，将书本的右下角放到书架上的那个空隙前，仍然用左手抓住书脊。

（37）用右手手指撑开空隙，轻轻地将书本塞进这个空隙，松开抓着书脊的左手。推动书脊，使这本书与其他书齐平。

（38）双手分别放到两边的书挡上，用力向当中推动书挡，使书本立直。如果只有一个书挡，就用一只手将其向里面推，使书本紧贴着书架的内墙面。

（39）回到桌边，站在一旁。

（40）说道："如果有谁想要去拿书，可以很快轮到，但是要等到我叫你的名字。"

（41）轮流点名让儿童进行活动。（以下是相关建议。）

a. 首先，让已经听过讲解并有相关经历的儿童尝试。

b. 不要按照座位次序来点名。

c. 如果被点名的儿童不愿尝试，不要说什么或表现出任何失望的神情；继续点名。

d. 如果儿童在尝试时没有掌握动作要领，那么在结束后，表扬他正确的动作并马上重复整个讲解。

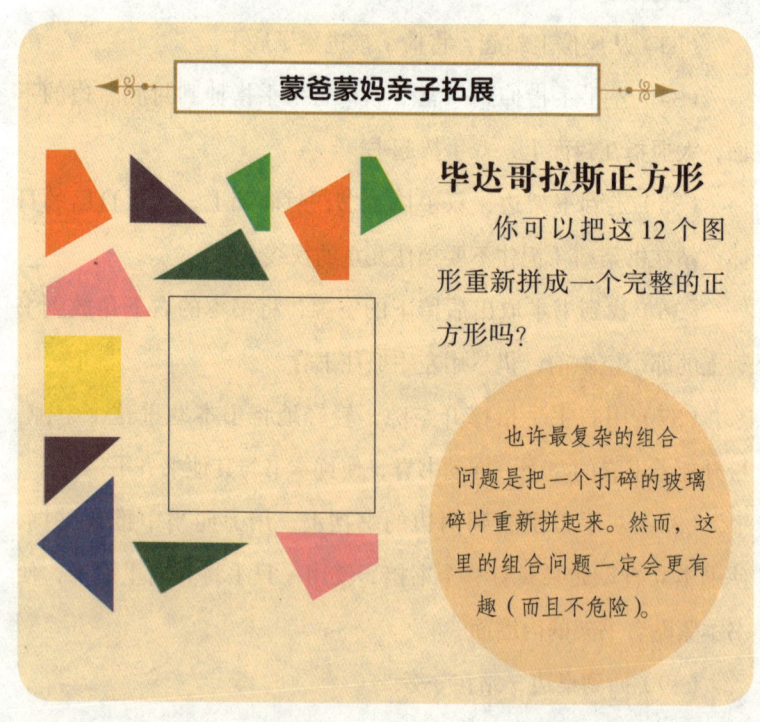

蒙爸蒙妈亲子拓展

毕达哥拉斯正方形

你可以把这12个图形重新拼成一个完整的正方形吗？

也许最复杂的组合问题是把一个打碎的玻璃碎片重新拼起来。然而，这里的组合问题一定会更有趣（而且不危险）。

e. 在尝试结束后,衷心地感谢每个儿童。

(42)解散小组成员。(在讲解结束后,可根据以下建议解散一组儿童。)

a. 说道:"现在,我希望你们闭上眼睛,想一下你离开小组时将要做的事情。当你知道你将要做什么的时候,睁开眼睛,静静地坐在自己的位置上。当我点到你的名字时,你走到我身边小声地告诉我你将要做的事情。现在你们闭上眼睛开始想。"

b. 确认每个儿童都选择了适当的活动。

c. 如果儿童想不到任何事情,你可以提出两个活动供其选择。

d. 当儿童走上前来告诉你一个可行的活动,你就小声地回答道:"好的。请你带上自己的椅子去吧。"

e. 小组解散完毕后,收起教具,看看儿童是否在进行他们所说的活动。

动作要领:

——用左手将书本从书架上取下,这样在你捧着书并将书放到桌面上的时候,书的封面都朝着你。

——双手捧着书。

——先把书放到桌面上,再坐下。

——把书放下、翻开书或合拢书的时候不要发出任何声音。

——在翻页前,感觉一下页角,确认手中只有一页纸。

——轻轻地来回摩擦书的折痕以固定翻开的页面。

——起身后把椅子推进桌子底下。

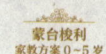

——在站起来之后才可以拿起书本。

——书本放回书架时,找到书架上的空隙。

——推动书挡使书本直立。

第三章
感官活动

介 绍

想一下婴儿对世界的感觉经验会是什么样子。例如，想象一下，1岁大的婴儿待在一个现代化装饰的客厅，有电视机、唱机、哥哥的电子游戏机、狗、一堆塑料玩具、游戏卡片、拼图和布娃娃。

在这样的环境中进行一系列的家庭活动，激烈却一闪而过的画面、颜色、声音、节奏和动作不断地冲击儿童的各种感觉。有用的经验领域主要是听觉和视觉；禁止触觉，如果有的话也仅限于光滑而不易碎的塑料，温度是恒定的，各种气味是模糊的，并

且有必要小心提防味道。但是视觉和听觉的范围是一种非常神秘的事物，如图案明亮、形状不规则的物品会无缘无故地一闪而过，嘟嘟响，甚至是讲话的声音。通常，很多事情都是同时发生，儿童参与其中的尝试容易被阻止或被大人操控。一岁大的儿童对这样一个环境的理解主要是"嗡嗡作响的混乱场面"。

渐渐地，幼儿将开始努力辨别各种日常感性知觉的结构与内在联系，努力了解世界并带着欣赏的眼光和信心来适应这个世界。

感官活动首要目的，就是要帮助儿童理清感官获得的种种印象。感官活动从四种途径来帮助儿童做到这一点：它们专为培养、理顺、拓宽和改善感性知觉而设计。这些活动的各项练习由简单到复杂，"培养了"儿童的各种感觉能力。儿童的感性知觉过程变得有"序"，因为这些活动鉴别一个单独感知品质，揭示了同一个品质的不同点，并探索这些不同点的形式。当感官活动唤醒某些前所未有的感觉体验，如对形状的感觉或对香料的嗅觉等，这就"拓宽"了儿童对世界的感性知觉。感官活动"改善"感性知觉，因为它们让儿童在开放和独立的空间里体验并专注于特别的品质。

感官活动中的教具，不同于儿童所见过的任何玩具。许多玩具是为了迎合花钱购买玩具的大人的喜好而设计的。而感官教具是专为儿童设计的。也就是说，第一，这些教具的原材料都适合儿童早期的习性，是儿童天生喜欢的木头、谷类、干草、棉花、丝绸、羊毛和石头。第二，教具的大小和重量都适合儿童，使用方便、设计比例适中。第三，教具外观简洁，釉色天然，形状简朴。像上文提到过的，一般儿童不断地负荷刺眼而激烈的刺激，而外观简洁的感官教具让他们感到轻松自在。

每个感官活动的装备都由一系列的物品组成。这些实物共同作用，能突显一个单独的感知品质，如"颜色"或"味道"。因为这套装备的每个物品，除了有一个品质不同外，其他都相同。品质可以量化，可以用数字给物品分等级，将它们区分开来。人体的每一个感官的官能所能察觉的每个品质，都要至少有一个相应的感官活动。这些感官的官能包括视觉（感觉物体的大小、形状、组成、图案和颜色）、听觉（感觉声音的响度和高低）、触觉（感觉物品的质地纹理）、手感（感觉重量）、热感（感觉温度或吸热性质）、味觉（察觉味道）、嗅觉（感觉香味和臭味等气味）、立体感（触觉的和肌肉的印象再加上运动）。

在讲解每个感官活动时，蒙台梭利导师根据"三阶段学习"原理来揭示感官经历体现的结构。

第一次的活动讲解指出一个特别的品质，大致地说明其范围和限制，介绍两个对比最明显的教具部件，如声音最响和最轻的声音盒，或者表面最粗糙和最光滑的小木块。如果品质不能量化，那么可以选出最为典型的刺激物来确认某一品质。这构成"三阶段学习"的第一阶段，因为他仅仅是把品质的成分和极限展现给吸收性心智。

儿童一旦有了这些关系松散的感觉，导师就可以通过练习将这些相似度或相关度高的感觉组合在一起。例如，在一些感官活动中，让儿童找出两个相同或互补的教具部件；在其他活动中，将混在一起的多个部件分成三或四类。在研究现象元素如何联系在一起的过程中发现它们更像是同一系列,以统一的概念存在。这一概念就体现了品质。这类似于"三阶段学习"的第二阶段,将先前所吸收的印象联系在一起,使其成为一个统一的观念。

后面的练习表明某些品质的变化在于形式的不同。在这些练习中,根据品质的升降顺序排列教具部件。许多感官活动中的教具是按照数学规律进行分级(递增的线性规律、几何规律,或指数规律),为之后的数学活动做间接准备。其中一些活动可能也涉及把教具部件与教室内实际可见的事物进行品质等级的对比。所以"三阶段学习"的第三阶段建立品质的相对等级及与日常事物品质的等级对比,从而为品质的每种感觉都提供了背景。

总之,感官活动表明了某些感觉可以与品质挂钩,并同这个品质的其他例子联系在一起。在经历了感官活动后,儿童不断涌现的感性知觉将会形成内在体系并更容易被理解。

正如其他蒙台梭利活动一样,组织儿童参加活动的准则,就是活动的难度一定要适合该儿童的成长水平。感官活动既具备体力上的也具备智力上的挑战,因为感性知觉是一种具体化的力量,有赖于一个人自身的体力的和脑力的官能。感官活动形成两种体力挑战(灵活运用感觉与精确掌控教具)和两种脑力挑战(通过教具的搭配、分组和排序来锻炼记忆力和判断力)。为了克服这些综合性的挑战,儿童会专心致志地重复着感官活动,从而加强身体和大脑在感知上的同化。

为了让儿童觉得有挑战性,也让你知道儿童是否在进行有挑战性的工作,每个感官活动都设有内在的反馈机制,显示儿童所犯的错误。在大多数的蒙台梭利活动中，这个反馈机制存在于教具中而不是来源于你，这样即使你不在场，儿童也能靠自己发现错误，并自发形成内在动力去练习和进步。有些感官教具如圆柱体积木，这种"错误控制机制"就成为一种阻碍，儿童一旦犯了一个错误，活动就不能完成。而有些教具需要用到另一个感官能力进行确认；例如重量板，取下眼罩时，儿童就能发现板的颜色是根据重量的不同而变化。一些感官教具如发声盒，其唯一内在的"错误控制机制"就是品质本身，表明了关于感知力的答案并不是绝对，我们所能做的就是改进和提高我们的感知技能。

因为感官活动与某些身体官能有关，你应该注意到如果儿童对特殊教具显得不知所措，这就可能意味着儿童存在着之前未被发现的缺陷，如听力障碍或色盲。有些缺陷，如果发现得早是可以治愈的；而有些缺点，可以通过早期的治疗避免影响以后的智力或社交。

蒙台梭利的感官活动，用一种不同的方式，教会儿童如何结构化地理解这个世界。孩子不是被这些活动带出了生动的婴儿世界，而是学会如何使从活动中得到的感觉天赋变得清晰而有序。活动提高了感觉的灵敏度，让儿童更加尊重并敬畏这些提供感觉印象的事物。感官活动不是要让孩子觉得事物很容易被定义和操控，而是要让孩子知道探索事物的方法有无数种，探索的深度和广度不受限制。

从感官活动的精神层面上来看，蒙台梭利的教学法比传统的教学法更有远见。值得注意的是，感官活动的教具所使用的物品,除了有一个方面不同外,其他方面都相同,这可以鲜明地突显出单个的感知品质。传统的教学法反其道而行,即将兴趣品质视为最明显的品质之一,并作为许多原本没有联系的事物的共同点。例如,在介绍"蓝色"时,传统的老师会收集蓝色花朵、蓝色玩具卡车、蓝布和蓝色的铅笔,所有这些东西形状、材料、大小、质地和重量都不相同,但是颜色相同。虽然蒙台梭利教学法看起来与传统方法非常相似,但是它实际上向儿童传达了完全不同的信息。感官活动的重点不在物品,而在于作为一个经历的颜色现象。蒙台梭利教具中的东西本身没有实用价值,除练习外就一无所用;只是让儿童从教具中探索并学习到与实际经验相关的品质。传统的教学方法所重视的物品,除了用于练习外还有其他用途,并具有多种品质,而所要学的品质只是其中之一。传统的教学法最主要指出的不是你认识的颜色,而是那些颜色相同的物品。简言之,传统的教学方法在儿童世界的"客观化过程"中犯了错,将物品视为主要的,将经历视为次要的;而蒙台梭利教学法将品质作为儿童经历的源泉,不让"事物"受到人为定义的限制和操控,为孩子保留了它们自身神秘的深度和活力。

三阶段课程

目的:运用"三阶段学习"原理教会儿童事物、品质或者符号的名称。

用途:在感官活动中,三阶段课程用于教授各类品质及其各种程度的名称。在时间和文化活动中,它被用于介绍儿童正在使用的工具和教具的名称。三阶段课程在儿童学习用于表示品质和功能的符号名称时出现在蒙台梭利活动中。至于语言活动，它用来帮助儿童把书写符号与声音联系在一起，并在一些联系中增加儿童的词汇量。

概述： 从你想让儿童学习的一套教具中选出三种不同的物品、数量或符号（在讨论中，我们假设它们是"物品"），放在垫子上，与其他物品分开。（三阶段课程可以选用两或四件物品，但是三件为最佳数量。）要求儿童"认真听这些都叫什么"。

第一阶段

简单地介绍这三件物品的名称及对其的感受，并且将两者联系起来。

（a）将其中一件物品单独放在垫子上，专心致志且全面地感受它（举个例子：如果它的形状是固定的，那就端详它并感受它；如果它是一件工具，那就查看并假装使用它；如果它是一个音调，那就发出这个声音并仔细聆听；如果它是一个砂纸字母，那就触摸并临摹它的轮廓）。然后马上面向孩子，大声且清楚地说出物品的名称。

（b）重复步骤（a），然后说"你来试试"，要求孩子模仿你。孩子应当以同样的方式来感受这件物品，然后马上说它的名称。如果孩子没有准确地模仿你，继续重复步骤（a）并再次让孩子模仿你。

（c）感受、说出名称并让孩子去感受其他两件物品并说出其名称，同步骤（a）和（b）。

(d) 不按次序地分别对三件物品重复步骤（a）和（b）。

第二阶段

增加难度让孩子凭名称辨认这三件物品，要求孩子们在心里能将物品及其名称联系在一起并能将其同其他物品区分开来：

（e）清楚地说出其中一件物品的名称并且要求儿童找出你所说的那件物品（例如，你说"请指出哪个是'正方形'"或"请把'勺子'递给我"），让孩子把物品递给你或者从你工作的台面上拿走放到另一个地方。

（f）对另外两件物品重复步骤（e）。

如果孩子做得不对，指出的物品不是你所说的，你不要表现出失望或不赞同，但是要继续要求儿童指认物品，观察刚才的错误是否只是一次无心的错误或者是否因为儿童没有将物品与其名称对上号。如果是后者，那么你需要不留痕迹地回到第一阶段重新开始，并高兴地宣布下课，让儿童觉得自己做得很好。

（g）对垫子上的三件物品重复步骤（e）多次，随机挑选，并且变化要求（如"指出""翻动""捡起""递给我"）来吸引儿童。在每个要求都得到满足后，确保让每件物品都回到不同的地方。继续活动，直到儿童能够不假思索地凭名称认出每件物品。

第三阶段

让儿童学以致用，说出你所指的物品名称：

用上述的任意一个动作指出垫子上的一件物品（如捡起并递给孩子），问道"这是什么？"在得到答案时，你要表现出非常感激的样子。对垫子上的每件物品都重复一遍，随机挑选，直到所有物品都被问过好几遍，要不断变化方式使孩子不觉得无聊。将移动过的物品放到另一个地方。

如果孩子做错了，没能正确地说出物品的名称，不要表现出一丝失望或不赞同，继续问问题看是否只是无心之失抑或是有些混淆。如果是后者，请不留痕迹地转回到第一阶段的回合中，然后再尝试第三阶段。

如果孩子根本说不出任何名称，但是能很好地完成第二阶段的指认，那么请不要坚持让孩子说出来，因为孩子还没有做好说话的准备。请进行三阶段课程的其他内容，直到儿童对说话更有信心，偶尔要求儿童去教一个比自己小的儿童某些物品的名称。

实例：以下是一个典型的三阶段课程，涉及教授三种基本颜色的名称。这三种基本颜色能从"颜色板"的盒子中找到：

第一阶段

要求一个孩子把颜色板盒子放在桌垫上。和孩子一起坐在桌边。

把颜色板盒子放在桌垫右上角，从颜色板中选出三种基本颜色（红、蓝、黄）各一块。

把红色板单独放在孩子面前的垫子上，指着板，缓慢而清楚地说"红色"。要求孩子跟读。

再次指着红色板说"红色"。然后看一眼孩子暗示他跟读。如果孩子读这个词的发音不正确，那就不停重复直到发音正确或相近。

用黄色板重复上述内容，然后用蓝色板，再然后随机地反复学习这三块色板多次。

第二阶段

将三块颜色板放在孩子容易拿到的地方。

对孩子说"请将黄色板拿给我",着重强调"黄色"这个词。当孩子把黄色板拿给你时,你要激动地说"谢谢你!"然后将黄色板放到垫子上。

再让孩子去拿蓝色板,然后去拿红色板。

对孩子提问:"请你指出哪块是蓝色板?"着重强调"蓝色"这个词。孩子指出蓝色板后,你要为孩子知道哪块是蓝色板而表现出兴奋的表情。

然后让孩子分别指出红色板和黄色板。

指着靠近你自己的垫子上,对孩子说"请将红色板放到这里"。在孩子完成后,对他说"谢谢!"并将颜色板放回到孩子能够拿到的地方,但与原来的位置不同。

先后对黄色板、蓝色板做同样的要求。

继续让孩子对学过的颜色板做这样那样的动作,每次都把颜色板放回到孩子拿得到但与上次不同的地方。不按顺序地报出颜色板名称,并且不断变化要求,使活动变得有趣。

第三阶段

单单指着那块红色板向孩子提问"这块板是什么颜色的?"当孩子回答"红色",表现出因为孩子能说出颜色而高兴激动。

先后对蓝色板和黄色板做同样的要求。

捡起蓝色板,问孩子它是什么颜色。得到答案后说"谢谢"。

将红色板递给儿童问他这是什么颜色,再次说"谢谢"。继续这样对三个颜色提问几个回合,要不断变化指示动作,不断对儿童新学的知识表示感谢。

蒙爸蒙妈亲子拓展

发散幻觉

在如图所示的矩阵中,红色的十字覆盖了格子的一部分,蓝色的十字覆盖了剩下的部分。红色和蓝色看上去像是向对角线方向发散的。

如果把这页纸旋转45°,会出现什么现象?

视　觉

1. 圆柱体积木

目的：培养儿童用肉眼区分大小的能力。拿住圆柱体积木的把手可以为儿童今后学习写字做间接准备。观察圆柱体递变的大小形状可为儿童之后进行数学活动做间接准备。

教具：四根长方形木块，每根木块内都凿有一排10个圆柱形的凹槽，每个凹槽内放有相应的圆柱体积木，积木上表面有一个小小的球形把手。这些圆柱体及其相应的凹槽直径各异、高度不等，从1厘米到5.5厘米，递增量为0.5厘米。木块一的圆柱体高均为5.5厘米，直径从5.5厘米递减至1厘米。木块二的圆柱体

高度和直径都从 5.5 厘米递减至 1 厘米。木块三的圆柱体直径递减而高度递增，从高为 1 厘米直径为 5.5 厘米依次变化到高为 5.5 厘米直径为 1 厘米。木块四的圆柱体直径均为 2.5 厘米，高度从 5.5 厘米递减至 1 厘米。

讲解：

说出圆柱体积木的名称并指出其摆放的位置。

选出圆柱体积木块一，向孩子介绍其名称并演示在拿的时候如何用手托住木块的两端。

轻轻地将木块放到没有桌垫的桌面上，轻到不发出任何声响。

不按顺序地取出圆柱体，用你的大拇指、食指和中指（写字时这三个手指用于抓住笔杆）捏住把手向上提起每个圆柱体。取出后，轻轻地不出声响地将每个圆柱体竖立在你自己和木块之间。在放下圆柱体时，动作一定要轻，确保圆柱体接触到桌面时不产生任何声响。取出所有的圆柱体后，和孩子一起稍停片刻，看着桌上这 10 个不按次序排放的圆柱体。

选择一个最粗或最细的圆柱体，提着它的把手，不要将其靠近任何凹槽做比较，仅凭肉眼判断哪个凹槽最适合它。轻巧地将圆柱体放入正确的凹槽。圆柱体不要碰到凹槽的边缘，触底时也不能产生任何声响。然后将其他最粗或最细的圆柱体放入凹槽内。不按顺序地将每个圆柱体放回到凹槽内。偶尔停下来仔细观看哪个圆柱体应该放在哪个凹槽内，但不把圆柱体靠近凹槽比较。继续进行直到所有的圆柱体都回到木块中。

蒙爸蒙妈亲子拓展

不可能的任务

如图所示,升旗手的任务是把旗杆插到这座塔的最高处。

你能帮助他找到最高处吗?

让孩子试试看。

练习:

(1)儿童按照讲解的内容用圆柱体积木块一进行工作。

(2)儿童按照讲解的内容对4条圆柱体积木块挨个进行工作,木块四留在最后进行。

(3)儿童同时对两条木块进行工作。木块呈"V"字形摆放在桌上,开口向前,与木块四的组合留在最后进行。

(4)儿童同时用三条木块进行工作。木块呈三角形摆放在矮桌上,或放在地毯上的光滑木板上。

(5)儿童用四条木块进行工作。木块呈四方形摆放在矮桌或地毯上的木板上面。

（6）开展三阶段课程教授以下与视觉相关的词汇。

每次授课都只用两个对立的圆柱体，如下：选用木块一中第二粗和第二细的圆柱体，来介绍"粗"和"细"；选用木块二中第二大和第二小的圆柱体，来体现"大"和"小"；选用木块四中第二高和第二矮的圆柱体，来介绍"高"和"矮"；选用木块四中第二深和第二浅的凹槽，来体现"深"和"浅"。

之后，教授上述词汇（除"浅"外）的比较级和最高级：使用木块一、二或四两端的两个圆柱体，或者木块四靠近深凹槽那段的两个凹槽，来进行比较级的教学（如"粗"和"更粗"）；使用木块一、二或四两端的三个圆柱体，或者木块四靠近深凹槽那段的三个凹槽，来进行比较级和最高级的教学（如"粗""更粗"和"最粗"）。

2. 粉红塔

目的： 培养儿童三维视觉辨别能力并锻炼儿童的肌肉协调能力。观察正方体边缘长短的几何递变可以为儿童之后的几何学习做间接准备。说明十个大小递增的正方体的差异，可以为儿童今后学习数字概念做间接准备。

教具： 10个大小从1立方厘米到1立方分米的粉色正方体积木，递增量为长宽高各变化1厘米。

讲解：

说出粉红塔的名称并指出其摆放的位置。

要求孩子在地上铺开一张垫子。示范如何单手从上端拿起这些正方体,每次只拿一个,以及如何将它们无序地摆放在垫子上。(在拿稍大的正方体时,另外一只手托住正方体下面。需要儿童这样做的正方体显然要比需要你这样做的正方体小。)

仔细地端详这些正方体,从中选出最大的正方体,将其靠近另外两个大小与其相近的正方体做比较,确认它是最大的。然后将它单独放在垫子另外一个地方。

仔细地观察余下的正方体,选出略小些的正方体,将其与另外两个大小相近的正方体做比较,确保它是垫子上余下的正方体中最大的。然后小心地将它放在那块单独放置的最大正方体上表面的正中央,动作轻柔,不要发出任何声响。

再次仔细地察看并选出略小的正方体,如先前一样放在另两块正方体上面的中央位置。

按此方法搭建一座逐渐变窄的粉红塔,每次都选比前一个略小的正方体,时不时地将其与另外两个大小相近的正方体做比较,确保它是垫子上余下的正方体中最大的。每放上一块正方体,你要向孩子表现出对自己的进度非常满意和高兴。(如果孩子也想要试着放一块正方体,那么你就说:"我把这整个塔完成,就可以轮到你了。")

和孩子一起激动地从各个侧面以及上面来检查整个塔。

拆除这座塔,手抓住正方体的上端并将其一块块地轻轻取下(至于大块的正方体,还是用另一只手托出下面),再次将这些正方体打乱顺序摆放在垫子上。

练习:

(1)儿童搭建一座与示例一模一样的塔。

(2)一开始,正方体被打乱顺序放在地垫上。在搭建塔时,将所有正方体的其中一个角对齐叠好,使得塔有两个平整的侧面和两个阶梯状的侧面。在垫子上选择一个能让孩子同时看到一个平整侧面和一个阶梯状侧面的位置来搭建塔。在此过程中,轻轻地用双手的手指触摸塔相连的两个平整侧面两到三次,从而确认正方体排列非常整齐。当塔搭建完毕后,从各个侧面和上面来观察它。

告诉孩子你将要"对塔做一些很特别的事情"。从顶端取下最小的正方体,轻轻地将其放在他的底层的阶梯上。将这块小正方体从阶梯的一条边轻轻地滑动,绕过角滑到另一条边。让小正方体上一个阶梯,重复以上动作。这样一层一层地爬升,让小正方体在每层阶梯的边缘上滑动,然后重新将其放到塔的顶端。

(3)开展三阶段课程教授以下与视觉相关的词汇。

选用第二大或第三大的正方体和第二小或第三小的正方体来

强化"大"和"小"的概念。

之后,教授这些词汇的比较级和最高级,选用两个最大的正方体来教"大"及其比较级"更大",和两个最小的正方体来教"小"及其比较级"更小"。然后选用三个最大或三个最小的正方体来教孩子们比较级和最高级(如"大""更大""最大")。

(4)这个活动以及接下来的两个活动都需要一定的距离,特别适合好动并且对教具有一定经验的孩子,或者可以让几个孩子同时参与这些活动。

蒙爸蒙妈亲子拓展

不可能的多米诺塔

第一眼看这个用多米诺骨牌搭成的结构,你可能会觉得这是不可能实现的。但是如果仔细想想,你就知道这是怎么做到的了,你甚至可以自己用多米诺骨牌搭一个。

有些人对某个难题看一眼就放弃了,而另外一些坚持不懈的人则非要到把难题解出来。你是哪一种人呢?

（5）开始练习（4）前，准备好两块垫子和粉红塔正方体积木块。拿出任何一块积木，和孩子一起将这块积木从一块垫子上送到另一块垫子上放下。让孩子在没有第一块积木做对照物的情况下自己回到第一块垫子上去取"一块更大的正方体积木"（或者一块"更小的"）。将两块积木都留在第二块垫子上，或者让孩子把其中一块送回到第一块垫子上。只要孩子有兴趣，你就可以不停地重复这个练习。

（6）之后，重复练习（5），但索要"第二大的正方体积木"或"第二小的积木"。

3. 棕色阶梯

目的： 培养儿童二维视觉辨别能力和肌肉协调能力。通过对柱体的边、面和体积大小的比较和观察为儿童今后的几何学习做间接准备。通过了解 10 个厚度依次递增的柱体积木的高和宽长度差异，为儿童今后学习数字概念做间接准备。

教具： 10 个木制的棕色矩形柱体，两端截面为正方形。所有柱体的长度均为 20 厘米。但是厚度等量递增，两端截面大小从 1 厘米 × 1 厘米到 10 厘米 × 10 厘米。

讲解：

介绍棕色阶梯的名称及其摆放的位置。

要求儿童铺好地垫。演示如何单手从上端抓住柱体一个一个地转移柱体积木，和如何将柱体打乱顺序放在垫子上。（在转移较粗的柱体积木时，用另一只手托住柱体下面。）

仔细察看柱体积木，从中选出最粗的柱体积木并将其与另外一到两条大小相仿的柱体积木挨近做比较，确保它是垫子上最粗的积木。然后将其轻轻地放到垫子的远处空位上，两端分别朝向左和右。

仔细观察余下的柱体积木，从中选出略细些的积木，并将其与其他一到两个大小相仿的柱体积木挨近做比较，确保它是在垫子上余下的积木中最粗的一块。然后小心地将其放在第一块积木前面3~6厘米处，与第一块积木平行；然后，以同样轻巧的动作推动第二块积木，使其紧挨第一块积木，两块积木的两端齐平。

继续向着垫子的前端搭阶梯，总是选用比上一块略小的柱体积木，时不时地把选出的积木与大小相近的柱体积木做比较，确定它是垫子上剩余的积木中最粗的一块。每次放好一块柱体积木，你就要让孩子看到你对自己的进度非常满意和高兴。在搭建过程中，用双手感觉阶梯中的柱体积木两端是否齐平。（如果孩子跃跃欲试，那就告诉他："等我完成这整个阶梯后就轮到你来搭了。"）

和孩子一起激动地从各个侧面和上面来检查整个阶梯。

拆除阶梯，轻轻地将柱体积木一块一块地移开，先拿走最细的，拿的时候单手从上端抓住积木（至于粗的积木，还是用另外一只手托住它），再次打乱垫子上的积木的顺序。

让孩子来搭阶梯。

练习：

（1）孩子按照讲解内容来搭建棕色阶梯。

（2）首先，搭建一座练习（1）中的棕色阶梯。取出最细的

蒙爸蒙妈亲子拓展

不可能的多米诺桥

这是一个看上去不可能完成的结构,你知道它是怎么搭起来的吗?

那根柱体积木放在每层阶梯上,由高到低(最高的那层阶梯离身体最远),与阶梯的内角齐平。确保两端能够对齐,观察阶梯的形状,并感觉所有的侧面都对齐而且非常平整,特别是被填充的那层阶梯。完成后,将最细的那根柱体积木放回到阶梯的最前面。

（3）开展三阶段课程教授以下与视觉相关的词汇。

选用第二粗或第三粗的柱体积木和第二细或第三细的柱体积木来介绍"粗"和"细"的概念。

之后，教授这些词汇的比较级和最高级，利用两根最粗的柱体积木来教"粗"及其比较级"更粗"，利用两根最细的柱体积木来教"细"及其比较级"更细"。然后利用三根最粗或最细的柱体积木来教比较级和最高级（如"粗""更粗""最粗"）。

（4）将两张垫子分开一定距离摆放。将棕色阶梯的积木打乱放在其中一张垫子上。拣起其中最粗的柱体积木，和孩子一起走到另外一张垫子边上并把积木放到垫子上面。要求孩子独自回到另一块垫子那边去取"下一块积木"来放在最厚的这块积木旁边。让孩子就这样来回两块垫子之间取积木搭建好阶梯。

（5）同练习（4）开始时一样摆放两张垫子和棕色阶梯的积木。拿起任意一块积木，和孩子一起走到另一张垫子的边上并把这块积木放到垫子上面。要求孩子独自回到第一块垫子那里取回"一块更粗（或更细）的积木"，但不能带去这块积木做参照。将两块积木都留在第二块垫子上，或者让孩子将其中一块放回到第一块垫子上。只要孩子有兴趣，就可以一直重复这个练习。

（6）稍后，重复练习（5），但是要求孩子去拿"更细的积木"或"更粗的积木"。

触 觉

（一）眼罩

目的： 这个其实不是一个蒙台梭利活动，而是进行专门的触觉或立体认知官能活动前的准备活动。它通过封闭一个常用的感官官能，促使儿童将注意力集中到上述官能。

教具： 用一条可洗涤的长方形布条和一根柔软的橡皮筋缝合在一起制成一个小眼罩。一叠纵向折叠的柔软的一次性面巾纸。还有一副儿童太阳眼镜。

讲解：

桌上放着一个布眼罩和两张折好的面巾纸，和孩子一起坐在桌边。

将面巾纸放在眼罩的内侧，自己带上眼罩，强调看不见周围的事物非常有趣，并通过开玩笑和玩游戏的形式来表明事物不会因为看不见而消失。

将另一张面巾纸放在眼罩的内侧，让孩子来试一试。

如果孩子害怕戴上眼罩，愉快地结束活动，改天再尝试以下的讲解内容：

准备好一副儿童太阳眼镜和一张叠好的面巾纸，同孩子一起坐在桌旁。先让孩子戴上太阳眼镜，高兴地夸他们看起来多么棒和这副太阳眼镜多像大人戴的那种太阳眼镜。然后告诉他们如何戴上内侧放有面巾纸的太阳眼镜。

如果孩子仍然不愿意戴，不要坚持，愉快地结束活动，几个月后再做尝试。如果孩子仍然觉得它不安全，那么就教孩子如何长时间地闭着眼睛。

在活动需要用到"眼罩"时，选用任何一个可以让孩子感觉舒适的方式（眼罩、封好的太阳眼镜或只是闭上眼睛）。

（二）触感

1. 活动手指

目的：这不是蒙台梭利活动，而是为开展与触觉相关的活动做准备。它的作用就是在使用触觉教具前提高手指的灵敏度并且清洁手指。

教具： 一个小空瓶子（如一个小热水瓶）。几个塑料碗和毛巾。一块吸水性强的干布。一个热水源。

准备： 每天早上和中午都往瓶子装入热水，放在一个孩子够得着的地方，在旁边放上干布和几个碗以及毛巾。

讲解：

在开始一个触觉活动前，先报出"活动手指的教具"名称，指出它们摆放的位置。对孩子说："我们在每次做任何触摸性工作前必须都要活动一下我们的手指。"

走到摆放教具的地方，打开瓶子，取出一个碗，倒入约15厘米深的热水，然后盖紧瓶盖。

用干布擦掉瓶子周围的水迹。

小心地将碗端到一张带有椅子的桌子上［如果孩子已经学会了直线行走（见实践活动）的阶段（4），那就让孩子来端］，让孩子到教具摆放处取回一块毛巾。

和孩子一起坐在桌子旁边。

把一只手的所有指头（包括拇指）放在温水里15秒钟，然后换另一只手。

之后，拿起毛巾擦干手指，用干布使劲擦拭每个手指指腹和大拇指指腹。

每只手的大拇指依次去挤压同一只手的其他手指指腹。

每只手的大拇指依次去摩擦同一只手的其他手指指腹。

把碗端到水槽（或用过的水杯），倒掉水，用干布擦去桌上

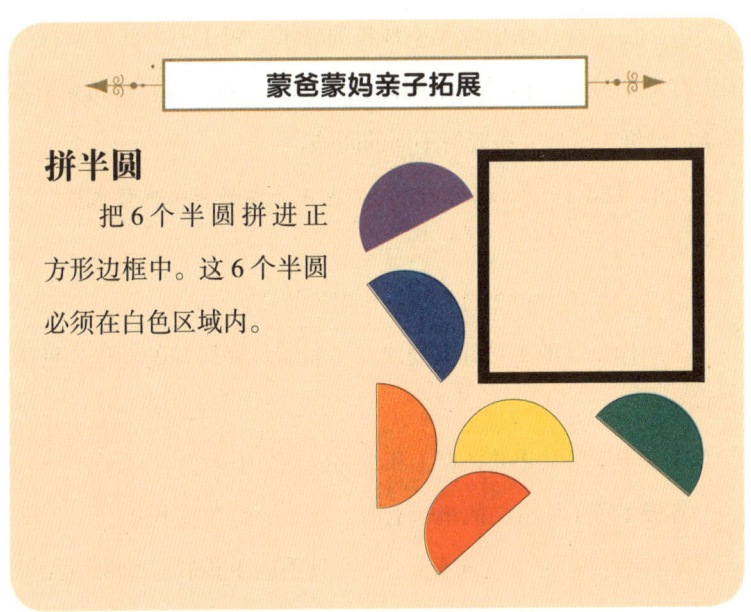

的水迹,把毛巾和脏布放一起。向碗里倒更多的水,取出一块新毛巾,从头开始重复整个过程,但这次是要让孩子的手指活动起来。一方面,你要手把手地指导孩子的动作:温柔地握着孩子的手,把孩子的手指放在水里,用毛巾擦拭孩子的手指,一起挤压并摩擦它们。然后要求孩子在没有你的帮助下活动另一只手。

2. 触摸板

目的:为了唤醒孩子的触觉认知技能。一般说来,培养敏捷的触碰动作有助于提高儿童的肌肉运动控制力,同时为儿童握笔写字打下基础。

教具:两块小的长方形木板,每块板的长都是宽的两倍,并

且其中一面贴有几张中等大小颗粒的砂纸。板1上半部分贴有一张正方形的砂纸；而另一半则是光滑平面。板2沿着长边贴有5张条形砂纸，形成4条光滑平面的间隔。

（DIY提示：可以选用光滑的彩色无光泽纸板来代替木板。）

讲解：

说明触摸板1和2的名称及其摆放的位置。

活动你自己的手指并且要求孩子跟着你做同样的动作（见活动手指）。

让孩子铺好桌垫并把板1和2都放在垫子上。

将板1置于你身前的垫子上面，其光滑面在左手边。

转移视线（可以看向孩子），一只手的手指轻轻地拂过无砂纸的光滑表面，手从远到近滑向自己。向孩子表明你放松但又轻松地控制着动作。

再次转移视线，用同一只手的手指指尖轻轻地拂过砂纸表面，手从远到近滑向自己。向孩子表明你略显吃惊，但又觉得这不同的新材质非常有趣。

重复，触摸光滑的表面，然后触摸粗糙的表面。

将板1放在孩子面前，让他来尝试。

（继续这个讲解，或者改天从这里开始）将板2横放在面前使得条状砂纸竖立着。

如先前一样转移视线，仅用食指和中指的指尖轻轻地拂过最左端的那条砂纸，手从远到近滑向自己。显得你不费力气就能使你的食指和中指保持在这条砂纸上。

蒙爸蒙妈亲子拓展

七巧板

人们熟知的最古老的分割问题是中国的七巧板。经典的七巧板是世界上最美妙的难题之一。有关它最早的文字记载是在中国的一本 1826 年出版的书里,但是它的起源应该比这更早。

把这个彩色的七巧板图片复制并剪下来。

当你解决了这里给出的问题,请试着自己发明一些图样。

再次转移视线,用同样的手指以同样的方式轻轻地拂过那条砂纸右边的光滑区域。感觉到质地不同而显得非常高兴。

对下一根粗糙的砂纸重复上述动作,然后是下一个光滑区域,依次向右,每次质地上的变化都要表现得非常愉悦。

当你已经感觉过所有的砂纸条后,把板 2 放到孩子面前,让孩子来试试。

练习:

孩子按照讲解内容用触摸板 1 和 2 独自进行活动。

用触摸板 1 对相关词汇"粗糙"和"光滑"开展三阶段课程。感觉触摸板 2 上的条纹,根据感觉说出"粗糙"和"光滑",并让孩子跟着你做。

(三)温度觉

温度瓶

目的: 为了唤醒和提高孩子的温度觉。

教具: 一个带盖的木盒,内分隔成八个竖直的窄格,每个格子内都有一个带有螺旋盖的圆柱体金属瓶,盖上还有一个环形手柄。每个格子内都衬有隔热层——如一个针织保暖罩。其中一个瓶子的螺旋盖顶上画有一个粉红色记号。

(DIY 提示:你可以选用一组带盖且不漏水的八个金属小容器,如你买作礼品的各类茶罐。铁制或锡制的容器都优于铝制的容器,因为前两者的导热性更好。用油基颜料将所有的罐子及其盖子涂成同样的颜色,并在其中一个的盖子上面画上一个粉红色记号。可以用波纹状纸板作为隔热层的纸板箱替代木盒。）

准备： 在需要使用前才往温度瓶内注入特定温度的水，因为它们被搁置在架子上不久后就会冷却至室温。在孩子想要用温度瓶进行工作时预先准备，按照如下要求在房内摆放这些特定温度的温度瓶。将一个装有水的塑料水壶放在冰箱内（温度小于或等于10摄氏度，但不能结冰），将另外一壶水放在室内避光的阴凉处，如放在碗橱内（约22摄氏度），若是夏天就将第三壶水放阳光照射下的窗台上，而冬天就将其靠近热源或暖气管（约35摄氏度）。为了获得更高的温度（约50摄氏度），你将需要用到热水龙头。当一个孩子已经达到了用温度瓶进行工作的程度，就往两个瓶子里倒入10摄氏度的水，两个瓶子装入22摄氏度的水，两个瓶子（其中一个带有粉红色记号）装入35摄氏度的水，还有两个瓶子装50摄氏度的水（确保这两个温度较高的瓶子不要过烫，以免烫伤）。旋紧瓶盖，擦干瓶子，然后将瓶子按照温度高低顺序摆放到木盒内衬有隔热层的格子里，温度相同的两个瓶子并排放置。盖上木盒的盖子，将木盒放回到架子上。并为室内的3个水壶重新注入水。

讲解：

说出装有温度瓶的木盒的名称，并指出其摆放的位置。

要求孩子铺好一张桌垫。将木盒放在垫子的右上角并且打开木盒的盖子。

从盒中取出带有粉红色记号的瓶子，取的时候要固定住隔热层使其留在盒内，用手抓住瓶子的环形手柄提起瓶子（如果是一

个 DIY 瓶子，那么抓住瓶子的棱角），将瓶子竖立在自己面前的垫子前端。

用整只手握住瓶子（用手指和大拇指围绕瓶身，手掌轻推它），不要举起或移动瓶子。两三秒后，松开手。

让孩子以同样的方式感觉瓶子。

说道："这个"，手指向瓶子的粉色顶部，"比较特别我们总要先触摸这个瓶子。"（在触摸其他瓶子之前要先触摸这个瓶子，因为手在尝试过非常热或非常冷的瓶子后，手的表面皮肤温度会随之变化，而这个瓶子能使其恢复到自然温度作为一种感觉上的"参照"，从而让孩子对其他温度的体验更加清晰。）

取出其中一个装有 10 摄氏度水的瓶子，放在垫子中央。先用手触摸粉红顶瓶子，然后用同一只手触摸 10 摄氏度的瓶子。让孩子照做。

用其中一个 50 摄氏度的瓶子重复上述动作。

现在随机地取出其他瓶子，确保每次你都是用同一只手先触摸粉红顶瓶子，再触摸其他瓶子。通过抓住环形手柄（或瓶子的棱角）来移动瓶子，记住也让孩子来试一下，将除粉红顶的瓶子外的其他瓶子混合成一群放在垫子的中央，各个瓶子挨得非常近但不接触。

暂停，看到所有这些有趣的瓶子在桌上显得非常激动。确保粉红顶瓶子仍然是单独地放在你面前。从混合的瓶子中选出一个瓶子放到粉红顶瓶子的右边。触摸粉红顶瓶子，然后用同一只手触摸所选的瓶子。如果它们温度不同，请孩子也来触摸粉红顶瓶子,然后触摸另一个瓶子,并把所选的瓶子单独放在垫子的右下角。从混合的瓶子里选出另一个瓶子做此尝试,如果它和粉红顶瓶子温度不一样就像先前那样放到右下角,不断重复直至你找到那个和粉红顶瓶子温度一样的瓶子。

当你找到那个与粉红顶瓶子温度一样的瓶子后,你激动地说:"这两个是一样的!"请孩子去验证它们的温度是一样的,但这次告诉孩子双手各握一个瓶子。将这对"参照对"瓶子放在垫子的左下角,并将被放到右下角的那些瓶子放回到垫子中央的混合的瓶子中。

从瓶子群中随机选出一个瓶子,放到自己的前面,并从混合的瓶子中找出与其配对的瓶子。但现在,在比较这两个瓶子的时候,不要用同一只手去感觉它们,而是要用双手先触摸左下角的"参照对",每只手各握一个瓶子,然后用双手触摸所选的瓶子及与其拟配对的瓶子,每只手握一个瓶子。如果你断定它们不相同,请孩子以同样的方式来验证这一点。确保将最初选的瓶子放在左边,拟配对的瓶子放在右边。像先前一样,将不相同的瓶子放到垫子的右下角。

找到配对的两个瓶子后,说:"它们是一样的!"请孩子来验证这一对,并把刚配对好的两个瓶子放在垫子左边的"参照对"的后面。

重复这一配对过程,完成所有瓶子的配对,并把配对的瓶子在"参照对"的后面向着左上角排成一纵列。再次触摸纵列中从前到后的每对瓶子,每次都先触摸"参照对",并且让孩子也照着做。

重新在垫子中央混合各个瓶子,将粉红顶瓶子单独放在垫子前端,让孩子来给瓶子配对。孩子应该通过单手触摸先找到"参照对"并将其单独摆放,然后通过双手触摸将剩余的瓶子配成对。

此后,如果孩子希望能进一步学习教具,那就倒掉瓶内的水并从壶(或热水龙头)中重新倒入水,因为到这个时候这些水的温度差别已经变小了。告诉孩子为了用温度瓶进行工作,你,也就是大人,必须先往瓶子里倒入水。

练习:

(1)孩子要求你准备温度瓶,并按照讲解独自为它们配对。

(2)准备好温度瓶并告诉孩子你将用它们来做些别的事情。然后演示如何为一组有4种不同温度的瓶子排序。排序方法如下:

将一组有4种不同温度的瓶子包括那个粉红顶的瓶子放在垫子的中央。把带粉红色记号的瓶子放在自己面前。

通过比较粉红顶瓶子和这一组内的瓶子,找出一个温度比粉红顶瓶子的温度高的瓶子,像练习(1)第一阶段那样用一只手触摸感觉。将这个温度更高的瓶子放在粉红顶瓶子的右边,将其他温度较低的瓶子放回垫子中央,并且请孩子先触摸粉红顶瓶子然后触摸温度较高的瓶子。

现在从两个低温瓶中选出一个放在粉红顶瓶子的左边。触摸这3个排成一排的瓶子,从右到左依次为温度较高的瓶子、粉红顶瓶子和温度较低的瓶子,然后请孩子照着做。用另一个低温瓶来替换这个温度较低的瓶子,重复比较。确定哪一个低温瓶的温度更接近粉红顶瓶子的时候，说"这个瓶子的温度更接近粉红顶瓶子"，将其放在更靠近粉红顶瓶子左边的位置。再把温度最低的瓶子放在温度较低的瓶子的左边。

现在来检查排序，从右到左依次触摸整排的4个瓶子，从温度最高的瓶子开始到温度最低的瓶子，并且要求孩子也照着做。

把这一排的瓶子推到垫子的后端，保持顺序不变，把另外4个瓶子放在垫子中央。通过配对找到那个与粉红顶瓶子的温度相同的瓶子，代替粉红顶瓶子放在垫子中央。请孩子按照上述程序为这4个瓶子排序。

完成后，孩子可以通过双手触摸温度相同的瓶子来检查刚刚排列好的瓶子以及原来的那排瓶子。

稍后，孩子独自为一组4个不同温度瓶包括那个粉红顶瓶子排序。

蒙爸蒙妈亲子拓展

燃烧的蜡烛

如图所示，把一根点燃的蜡烛放在一个装有水的容器里，再在蜡烛上面罩上一个玻璃瓶。

你能预测一下，这个实验最终会出现什么结果吗？

（3）孩子重复练习（1）和（2），但在准备用于排序的温度瓶时，减小温度差异，加大练习难度。可以先往每个瓶子里倒入三分之一 22 摄氏度的水，再倒入其他温度的水。

（4）选用一组 4 个不同温度的瓶子［同练习（2），不同于练习（3）］，通过三阶段课程教授以下与温度相关的词汇，如"热""温""凉"和"冰"。

（四）实体觉

几何实体

目的：为了培养孩子的实体觉，通过触摸就可以在脑海里产生图像。促使孩子进一步了解文化环境中可见的基本形状。为孩子今后的数学学习，特别是辨别实物形状以及探索平面和曲面之间关系的几何学做间接准备。

教具：一个大的柳条篮子（直径大约 30 厘米），篮子内装有九块涂着品蓝色的木制几何实物。这些几何实物包含下列形状各一块：矩形棱柱、三角柱、正方体、圆锥体、锥体（与方形底座同高）、圆柱体、球体、卵形体和椭圆体。所有长的实物（除正方体和球体外），宽约为 6 厘米，长或高约为 10 厘米；正方体和球体的宽和直径分别约为 6 厘米。

篮子内还有 3 个支架，每个支架上安放一个曲面的几何实物（如球体、卵形体和椭圆体）。每个支架是根据 3 个实物的纵向切面形状从一块天然表面层色厚木块上挖出相应空间制成（这些形状为圆形、卵形和椭圆形）。这些支架可以用来支撑曲面实物立在

平台上的。

一个装有9个几何实物底座的带盖木盒。这些底座由木片制成,木片的一个面上画有粗线轮廓图,包括以下平面图:三个正方形(6×6厘米)、两个圆形(直径为6厘米)、两个矩形(6×10厘米)、一个等边三角形(边长为6厘米)、和一个等腰三角形(高为6厘米)。这些底座与几何实物的平面形状大小相同。

一块正方形的不透明布料(边长约为70厘米的正方形;一块深色的女士丝巾就可以)。

两个浅盘和一个装有细沙的宽嘴容器,这些细沙足够覆盖整个浅盘表面约1厘米深。

讲解与练习:

(1)实物体验

介绍装着几何实物的篮子名称,指出其摆放的位置。

要求孩子铺好一张地垫,把装有实物的篮子放在垫子上。

向孩子演示如何体验三个形状大相径庭的实物，方法如下：

从篮子中取出立方体，转移视线（可以把目光锁定在孩子身上），用双手捧着立方体，手掌和手指贴合立方体的面和棱角，翻转立方体，比较各个面，掌心平行捧着并挤压相对的两个面，等等，直到你完全领略了立方体的形状。将立方体放在垫子上，请孩子以同样的方式来感觉它。

用圆锥体重复这个活动，用双手手掌和手指捧住圆锥体，一只手的手掌平贴其底部，手指环绕并贴合锥面，另一只手握着椎体沿着逐渐变小的锥度移动到尖头，如此这般。把圆锥体放在垫子上，让孩子也来感觉它。

用球体重复这一活动，转动手掌心来着重感受曲线的协调性与连贯性，轻拂其规则表面，如此这般。而后，将球体放在其支架上并要求孩子也来触摸。

然后，孩子就可以想玩多久就玩多久，以类似的方式触摸篮子中的每一件实物，每次触摸一个实物后就让孩子照做，然后把实物放在垫子上。

小心地将所有实物放回到篮子中，并请孩子按照刚刚的讲解内容进行活动。

之后，儿童独自取出篮子去体验这些实物的实体觉。

某天，在儿童完成了一轮几何实物的实体觉体验后，向儿童提问能否在房间的其他地方看到篮子里的一种特殊形状（如球体）。（例如，儿童或许能意识到墙角的皮球是球体，或者数学活动中的一颗颗金色小珠子是球体。）按照此种方式对几种形状进行提问,并请孩子独立去探寻与篮子中的实物形状相仿的物体。

(2)形状组合

要求儿童铺好一张地垫并告诉他你将会用几何实物做一些新鲜的事情。把篮子放在垫子上。

向儿童展示这些实物摆放到一起后它们的平面能够相吻合,或部分贴合。别出心裁地尝试几个实物以体现多种可能性,向上、向侧搭建或者将两个自身无法直立的实物凑到一起。儿童可以从组合后的形状(如一间房子、一个火箭)中辨认出自己熟悉的形状,但这种模型不是活动的主要目的,不予强调。

请儿童独自按照这种方式用实物进行活动。

稍后,儿童会自发地去尝试按照讲解内容组合几何实物。

(3)底座

要求儿童铺好地垫,并告诉他们你将教他用几何实物做其他事情。

说出几何实物底座的名称并指出其摆放的位置,并请他取来和几何实物篮一起放在地垫上。

向儿童表明你同练习(2)中一样,通过把它们和相应的底座进行比较和拼合就可以进一步探索实物之间的关系。一个实物有一个或一个以上的平面(球体、卵形体和椭圆体除外),首先让实物以其最高姿势立在与其底面形状相同的底座上。然后把实物保留在那块底座上,展示同样

或者不同形状的底座能适合实物的其他平面。将所有可能适合实物各个面的底座都摆放出来：以立方体为例，它将会有一个与其底面相应的正方形底座和两个可以贴合其侧面的正方形底座；以椎体为例，它将会有一个与其底面相应的正方形底座和一个与其侧面相应的等腰三角形。

让孩子进行活动，并鼓励他做各种尝试，把不同底座去贴合每个实物的各个面，这些面中至少有一个面是平面。

然后告诉儿童圆锥体和圆柱体的曲面，以及球体、卵形体和椭圆体的各个面看起来不能很好地贴合这些底座。让孩子来做这个实验。例如，把圆锥体拿到等腰三角形底座的旁边，然后指出"这个外部没有等腰三角形，但是在它的内部有一个等腰三角形"，以球体为例，将球体挨近圆形底座"它外部没有圆形，但是在它的内部却有一个圆形"。说明卵形体和椭圆体也可以从其两端看出它们内部有一个圆圈。

请儿童用实物和底座独自进行试验。

稍后，儿童自觉地取出几何实物及其底座放到地垫上，按照讲解内容进行工作。

（4）形状系列

要求儿童铺好地垫并将几何实物篮放在垫子上。宣布接下来你要用实物做一些新鲜的事情。

向儿童表明通过实体觉触摸，这些形状可分为三个系列：仅有平面的（立方体、矩形棱柱、三角柱、椎体）；仅有曲面的（球体、卵形体、椭圆体）；带有平面和曲面的（圆锥体、圆柱体）。

将所有的实物都摆放在垫子上,移开视线来强调你在使用自己的实体觉。触摸每块实物来评定它是属于那个系列的,并且将其与同一系列的实物堆在一起。请儿童触摸每个系列的实物,并将它们放回到篮子中。

让孩子来为实物按系列分类。

之后,儿童在进行练习(1)、(2)或(3)时,可以按照上述方式对实物进行常规分类。

(5)说出实物的名称

在建立了足够的上述活动经验之后,利用三阶段课程教授几何实物的名称,每次三个实物,从每个系列中各选一个实物。在每个阶段的实物辨认时,儿童都要亲手触摸实物,而不只是看一眼或者指出这个实物。在儿童按照练习(4)对实物进行分类后,从每个系列中选出一个实物开始授课。(9个实物的名称分别为:立方体、矩形棱柱、三角柱、椎体、圆锥体、圆柱体、球体、卵形体和椭圆体。)

(6)实体觉概念

儿童在练习(5)中学习了几何实物的名称,请按以下要求对儿童目前为止所学的形状进行练习。

要求儿童铺好一张地垫。将篮子放在垫子上。告诉儿童那一块不透明的正方形布料的摆放位置,并将其放在垫子上,挨着篮子,从篮中取出儿童在练习(5)中还未学到其名称的形状,放到垫子的左上角或右上角。

用布料盖在篮子上面,完全遮住篮内的物体。说道:"我想知道我能在篮子里面摸到什么。"移开视线，双手伸到布料下面，可以这样说"我想我摸到了立方体"，将其取出递给孩子去触摸。将立方体放回到篮子中，用另一块实物重复该内容。

请孩子把手伸到布料下面，去辨认实物，说出它是什么，并将其取出察看。触摸孩子取出的实物，并将其放到篮子内其他实物的下面。

这个练习进行一段时间后，要求孩子通过实体觉从被布料遮盖着的篮子内找出你指定的实物。[如果孩子拿出的实物不对，不要指出这一点，而是让孩子用肉眼识别其形状并且自己发现对错。如果孩子不能凭肉眼辨别出它是何形状，那就在下一次练习（5）的三阶段课程中教会孩子。]触摸孩子取出的实物并放回到篮子中。只要孩子愿意，你就不停地重复这些要求。

改天重复这个活动，增加儿童在练习（5）的三阶段课程中刚学会的实物名称。

然后调换角色，孩子提要求，你通过实体觉触摸从布料遮盖下的篮子里找出指定的实物。让孩子触摸你取来的实物，然后将实物放回到篮子中去。

之后，在儿童学习完所有几何实物的名称后，儿童自觉地拿出装有实物的篮子和遮盖用的布，独自通过触摸来辨别每个被遮盖着的实物，或者摸遍每一个实物找出一个特定的实物。

（7）表面图案

邀请进行过上述所有几何实物练习的儿童铺好一张地垫并把实物篮放在垫子上。

说出浅盘和细沙罐的名称，指出其摆放位置，并把其中一个浅盘和细沙罐放到垫子上。

向儿童演示如何把罐中的沙子全部倒入浅盘，如何用手指把浅盘上的沙子铺均匀，以及如何轻敲浅盘底部使得沙子表面变得平整。

从篮子中取出一个实物，放到浅盘一端的沙子上，轻击实物（如果实物表面都是平的）或者使实物（如果实物有曲面）滚动到浅盘的另一端，在沙子上面留下痕迹。和孩子一同兴奋地检查这一图案。

从浅盘上拿走实物，用手指抖落并掸去粘在上面的沙子，将其放回到篮子中。再次轻敲浅盘底部使沙子表面变得平整。

请孩子用另一个实物进行尝试，重复上述过程。再次和儿童

蒙爸蒙妈亲子拓展

对角线的长度

这个小男孩在玩4个全等的大立方体。

他只用一个直尺，能否量出立方体对角线的长度？

一起检查痕迹。

让孩子来进行活动。

允许孩子以这种方式用每一个实物在沙子上工作，每次只用一个实物。

完成后，取来另外一个浅盘，把沙子从浅盘的一角倒入罐子中，把另外一个浅盘置于这两者的下面。将撒在第二个浅盘上的沙子倒入罐中，倾倒时把第一个浅盘置于其底下。

此后，儿童独立地按照上述方式用几何实物在沙子上留下痕迹，在完成后，将所有的教具清理完毕。

听 觉

声音盒

目的： 为了促进儿童听觉发展，特别是对声音的大小和轻柔的感知。

教具： 两个木制声音盒，一个的盖子为红色的，另一个的盖子为蓝色的。每个盒子内都装有6个镂空的木制圆筒，顶上盖着一个不可脱卸的塑料盖子，颜色与盒盖的颜色相同。每个圆筒都装有一种各不相同的颗粒状材料，这些材料在被摇晃时能产生不同的音质和音量（如整粒的干豌豆、干扁豆、干大麦、生米、粗糙的沙子和精细的白沙）。一个盒子的圆筒内所装材料与另一个盒子的完全相同。

[DIY提示：可用12个完全相同的塑料圆柱体小容器来替代特制的圆柱体木筒，如那些通常用来装发酵粉、小苏打或酵母粉的容器。每两个容器都装有一样多的上述成分（为了确保这一点，细数谷粒颗数或用称来计量沙子的重量）。将盖子永久地粘在每个容器上。将所有的容器都涂成白色，一组6个容器的盖子涂成蓝色，相应的另一组的盖子涂成红色。根据盖子的颜色将它们分别

训练宝宝辨别声音的来源和方向。

放在两个纸板盒内。]

讲解：

在活动开始之前，先将红色声音盒内的圆筒按照内充物颗粒大小排列顺序，这样你可以记得装有最大颗粒的圆筒（摇晃时的声音最大）和装有最细颗粒的圆筒（摇晃时的声音最小）的摆放位置。

说出声音盒的名称，指出其摆放的位置，并要求儿童铺好桌垫。

将蓝色声音盒放在垫子的右上角，将红色声音盒放在左上角。

打开红色盒子，将红色的盒盖放在盒子的下面，找到声音最大的红色圆筒（根据事先摆好的位置），用手抓住其顶部将其取出放在面前的垫子上。

向儿童示范在拿圆筒时如何用一只手的手指和大拇指握住筒身的中段。用手这样拿着圆筒并将其放在离一只耳朵约10厘米处并且向下摇晃两次，专注地倾听它发出的声音。然后将圆筒转移到离另外一只耳朵约 10 厘米处并再次向下摇晃两次,牢牢地记住这个声音。将圆筒放回到垫子上。

请儿童以完全相同的方式来摇晃声音最大的红色圆筒并聆听它的声音。

将这个声音最大的红色圆筒放在垫子的左侧。

找到声音最小的红色圆筒(根据预先摆好的位置),用手抓住其顶部将其取出放在面前的垫子上。按照上述方法摇晃这个声音最小的红色圆筒,请孩子照着做,然后把圆筒放在垫子的左侧,挨着声音最大的红色圆筒。

对每个红色圆筒都重复上述动作,将这一组 6 个红色圆筒不按顺序摆放在垫子的左侧。

现在将蓝色盒子的盖子放在盒子下面,取出所有的蓝色圆筒,告诉儿童"这些圆筒发出的声音与红色圆筒发出的相同",把这一组圆筒放到垫子的右侧。

从红色圆筒组中任意选出一个放到自己面前。然后从蓝色组中任意选出一个放到那个红色圆筒的右边。

同先前一样地摇晃红色圆筒,然后摇晃蓝色圆筒。如果它们的音质和音量不同,就将蓝色的那个放回到蓝色盒内,另外放置。

不断重复上述比较过程直到找到一个声音与红色圆筒相同的蓝色圆筒,说道:"这两个的声音听起来是一样的。"

请孩子来摇晃这两个声音一样的圆筒,确定它们是一对,每次只摇晃一个。

将这对圆筒放到垫子前端的当中位置,红色在左边,蓝色在右边。将盒子内的蓝色圆筒放回到右侧组中。

请孩子选出另一个红色圆筒来做配对。

重复上述配对过程，直到所有的圆筒都成双成对。每次配好一对，请儿童来逐个摇晃并听其声音，将这一对放到其他的前面，从垫子前端到中央摆出一列成对的圆筒。当这 12 个圆筒的配对完成后，从远到近依次摇晃每对圆筒，每次只摇一个，并且请孩子照着做。

将这 6 对圆筒拆分成先前的红蓝两组，让儿童来为其配对。

练习：

（1）儿童按照讲解内容独立完成红蓝两个声音盒内的圆筒配对。

（2）向儿童演示如何对一套 6 个圆筒排序，如以下所示：

开始时，声音盒未打开，其内的摆放同练习（1）开始时的状态一致。将红色圆筒随机地在垫子中央从左到右排成一排。摇晃这一排中的每个圆筒，次数按需要而定，来确定哪一个是声音最大的。如有必要，反复地比较两个或三个较相似的圆筒。从这一排中取出声音最大的圆筒放在红色空盒子的前面，靠近垫子的左边缘。

再次反复比较剩余的五个圆筒，找出其中声音最大的。将这个声音次大的圆筒放在声音最大的圆筒前面，沿着垫子的左边缘。听一听这最大的声音，然后听一听第二大的声音，并且请孩子照样做。

重复这一过程找出剩余圆筒中声音最大的，将其添加到纵列的前面，沿着垫子的左边缘。每添加一个圆筒，就和孩子一起依次听一听圆筒的声音。继续上述过程，直到完成这 6 个圆筒的排序。

将排好顺序的行列留在原处，从蓝色盒内取出蓝色圆筒随机地在垫子中央排成一排，让孩子来为这套蓝色圆筒排序，在蓝色空盒子前面沿着垫子的右边缘列出一纵列。完成后，向孩子演示如何确认蓝色圆筒的顺序和红色圆筒的顺序是否一样，从远到近依次摇晃每对相对应的圆筒。

（如果孩子难以完成 6 个圆筒的排序，改天再做相同的讲解，但只从每个颜色中取出三个圆筒：声音最大的、声音居中的和声音最小的。另外再选时间重复讲解，每次增加一个音量居中的圆筒。）

此后，儿童独自按照讲解内容为这两套圆筒排序，比较并确认排序是否正确。

（3）用三阶段课程教授以下与声音音量大小相关的听力认知相关词汇。

选用音量第二大的蓝色圆筒和一个音量第二小的蓝色圆筒来介绍"响"和"轻"。

此后，教授这些词汇的比较级和最高级，选用声音第三大的蓝色圆筒和声音第二大的蓝色圆筒来教"响"及其比较级"更响"，选用声音第三小的蓝色圆筒和声音第二小的蓝色圆筒来教"轻"及其比较级"更轻"。然后用三个声音最大的红色圆筒或三个声音最小的红色圆筒来教两者的比较级和最高级（如"响""更响""最响"）。

（4）将整套蓝色圆筒放在一块桌垫上，整套红色圆筒打乱顺序放在不远处的另一块桌垫上。单取出一个蓝色圆筒让孩子摇晃并聆听其声音，并且要求孩子将这个蓝色圆筒放回到原处然后到另外一块垫子上"取来声音一样的红色圆筒"。引导孩子比较这个蓝色圆筒和选出的红色圆筒。如果孩子做了正确的选择，你就表示感谢并让孩子将红色圆筒放回到不远处的垫子上。只要孩子还有兴趣，就可以不停重复这个练习。

（5）同练习（4）一样摆放两张垫子、红色圆筒和蓝色圆筒。单独取出其中一个音量中等的蓝色圆筒，请孩子摇晃这个圆筒并听其声音，要求孩子去另外一张垫子上取来一个声音"更响"（或"更轻"）的红色圆筒，不带上蓝色圆筒去做比较。儿童比较所选的红色圆筒和单独取出的蓝色圆筒。如果孩子做了正确的选择，你就表示感谢，并让孩子将红色圆筒放回到不远处的垫子上。只要孩子还有兴趣，就可以不停重复这个练习。

（6）此后，重复练习（5），但是要求孩子取来声音"更响"或"更轻"的红色圆筒。

（7）站在一块屏幕后，用儿童熟悉的物体产生儿童熟悉的声音，让儿童辨认这个物体或活动。从那些容易辨别的声音开始练习（如打铃、敲木头、吹口哨），然后逐渐过渡到一些更轻柔、更微妙的声音（如裁剪纸张、打呵欠、吹气球）。

（8）一名儿童（或者一群儿童）闭着眼睛，安静地坐着。你慢慢地移动着一个正嘀嗒走动的钟，将钟停在房间的各个高度和位置，要求儿童不停地指出这个嘀嗒声是从哪里发出的。

蒙爸蒙妈亲子拓展

炸弹拆除专家

时钟在滴答作响,你必须在它爆炸之前拆除炸弹的引信,可以把它的线剪成两部分,即从底部的蓝线到顶部的绿线,穿过中间错综复杂的红色线网,剪尽可能少的次数。你可以剪断这些线,但是不要剪到中间的连接结点(黄色的圆点)。快点,在炸弹爆炸之前!

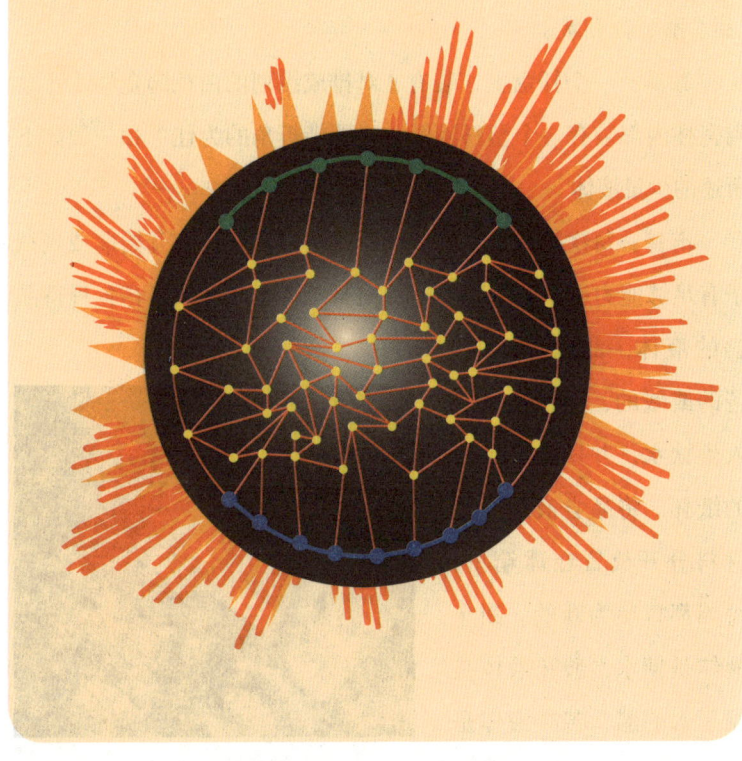

味 觉

味觉杯

目的：为了培养儿童的味觉感知能力并介绍四种基本味道（甜、酸、苦和咸）。

教具：一个托盘上，装有 4 对排成纵列的白色陶瓷杯，每个陶瓷杯内都装有一个塑料滴管（顶端带折角的为佳）和一种如下所述的少量液体。

准备：每次提前准备好要品尝的溶液。在讲解开始前或当孩子有足够能力进行一个练习时，向每对杯子内装入半杯各种待品尝的液体，甜的、酸的、苦的或咸的，往罐子里装入生饮水，并摆出两个新的纸杯。将品尝液的原始材料分开放置在冰箱里，每周都替换为新的。甜味液体是糖水，酸味液体是兑了水的醋，苦味液体是

少量奎宁溶解于水,而咸味液体是加了少许盐的水。这些溶液必须都是清澈的,稀释到味道明显但不过于浓烈。把这8个杯子摆成4对的纵列,每对都是相同的液体。

讲解:

按上述要求准备材料。

说出装有味觉杯的托盘名称,并指出其摆放的位置。

将这个装有8个杯子的托盘(4对杯子从远到近组成一个竖直纵列)和装有水壶及纸杯的托盘放在一张桌子上。

将每对陶瓷杯左边那个杯子移到托盘左边的桌面上。往两个纸杯子内注入水。

教孩子如何用滴管从其中一个托盘左边的陶瓷杯中取出一滴液体,并且如何在滴管不碰到舌头或嘴巴的任何部分的情况下让那一滴液体直接落到你的舌头上。以这种方式品尝桌上的4种液体。在品尝过这4种液体后,喝一小口水。

请儿童以同样的方式品尝这4种液体,但是一定要先喝甜味液体。提醒儿童在完成后要喝一小口另一个纸杯子里的水。

将仍在托盘上的4个杯子打乱顺序放到托盘右侧的桌面上,说:"这些与其他的味道一样。"

从左右两组各选出一个陶瓷杯,一左一右地放在托盘前面。先品尝左边那杯液体的味道,然后品尝右边那杯液体的味道。如果它们的味道不同就说"这两种液体味道不同",将右边的那杯液体单独放到托盘的后面。喝一小口水。继续比较味道,直到你找到味道相同的那杯液体,说"这两种液体的味道相同",让儿童来

蒙爸蒙妈亲子拓展

3 道菜

从菜单给出的 3 组菜中分别选出 1 道菜，即一共要选出 3 道菜，请问一共有多少种选择方法？

生活中我们总会遇到各种各样的选择，无论是在餐厅里点菜，或是你兴致勃勃地准备去买彩票。在最后做出决定之前你总是需要好好地考虑一下。

菜单

鸡　汤
蔬菜汤

烧全鸡
金钱肉
牛　排

德国大蛋糕
冰激凌

品尝一下每杯液体，证明它们是相同的液体。将配成一对的两杯液体转移到托盘的尾部。将被淘汰的杯子放回到托盘的右边。

重复配对过程，直到完成配对，将这4对重新排成一纵队。

从远到近依次品尝每对液体，每尝试一对后都喝一小口水，并让孩子也照做。

再次将杯子分成两组，然后让孩子来为杯子配对。

完成后，坚定地对孩子强调："在你品尝味道前，你必须叫我为你倒液体。不是我给你的东西，你不能喝。"

练习：

儿童让你准备味觉杯和饮用水托盘，然后独自按照讲解将杯子分成两组并为其配对。

从每对味觉杯中各取出一个，用三阶段课程来教授4种味道的名称："甜味""酸味""苦味""咸味"。

嗅 觉

气味盒

目的： 为了唤醒并提高儿童的嗅觉，帮助儿童了解周围各种各样的臭味和香味。

教具： 两个带盖的木盒子，每个木盒内都装有6个不透明的圆柱体塑料容器。这些容器都有可脱卸穿孔顶部和塑料螺旋盖。一个木盒的圆筒所装的物品与另一个木盒的圆筒所装的物品相同。每套都有6种具有挥发性的天然物质，其气味明显且各不相同。

（如香料、草本化妆油、香油、干果或干花）。

（DIY 提示：可试用用来装 35 毫米胶卷的黑色塑料容器。因为这些容器的盖子下面没有带孔的顶来遮掩这些物品的味道，请在物品上面放一团棉花，如果容器内装的是挥发性液体，那就轻轻放入一团棉花；这样，每个人在往瓶子里看的时候就都只看到白色的棉花。可用纸板盒代替木制盒。）

讲解：

说出气味盒的名称并指出其摆放的位置。

要求儿童铺好桌垫。把一个盒子放在垫子的左上角，把另一个盒子放在右上角。

从左边的盒子里选出一个圆筒，向儿童演示如何旋开盖子，将圆筒举在自己胸前，轻轻地左右移动圆筒，同时用鼻子深吸气。让孩子也来试着闻一闻圆筒的气味，然后重新旋上盖子。

从左边的盒子里选出气味与上一个完全不同的第二个圆筒，按上述方式闻气味，让孩子也来闻一闻，然后重新旋上盖子。

对左边盒子的其他 4 个圆筒逐一重复上述过程。将这些圆筒不按顺序地摆放在垫子的左端。

从右边的盒子内取出圆筒，说道"这些圆筒的气味和其他的是一样的"，并将这些圆筒放在垫子的右端。

从左右两组中各选出一个放在你面前的垫子上，仍保持左右分开放置。

按照上述方法闻一闻左边的圆筒，然后闻一闻右边的圆筒。如果两者的气味不同，如实说明，并把右边的圆筒单独放到右上角的盒子里。

重复直至从右边组找到一个气味与左边组选出的圆筒气味相同的圆筒，说道"这两个圆筒的气味相同"，并请儿童来闻一闻，验证这一对气味相同的圆筒。将这配成对的圆筒放在垫子前沿中间，在两个盒子之间。将右边盒子内被淘汰的圆筒放回到右边组。

请儿童从左组选出另一个圆筒，并按上述方法从右组找到一个与其配对的圆筒。

重复配对过程直到完成所有圆筒的配对，并将一对对圆筒从垫子的前沿中间列至垫子中央。从远到近依次闻每对圆筒的气味，并让孩子也照做。

将6对拆分成像先前一样的左右两组，让孩子尝试为其配对。

练习：

（1）儿童独自按照讲解内容从一个盒子中找到与另一个盒子内的圆筒配对的圆筒。

（2）如果儿童感兴趣，用一个盒子内的圆筒进行两次的三阶段课程教授每个圆筒内的物质名称。

（3）把一个盒子内的圆筒取出放在一张桌垫上，把另一个盒子内的圆筒取出放在另一张桌垫上，两张垫子相隔一定距离。在第一块垫子上，单独取出一个圆筒让孩子闻气味，并要求孩子去另外一张垫子上找出气味相同的圆筒并将其带回来验证是否配对，然后送回到远处的垫子上。只要孩子感兴趣，就可以一直进行这个练习。

蒙爸蒙妈亲子拓展

瓢虫花园

在图中的格子里一共藏有 13 只瓢虫，请你把它们都找出来。

方框里的每朵花上面都写有一个数字，这个数字表示的是它周围的 8 个格子里所隐藏的瓢虫的总数。见例子。

有花的格子里没有藏瓢虫。

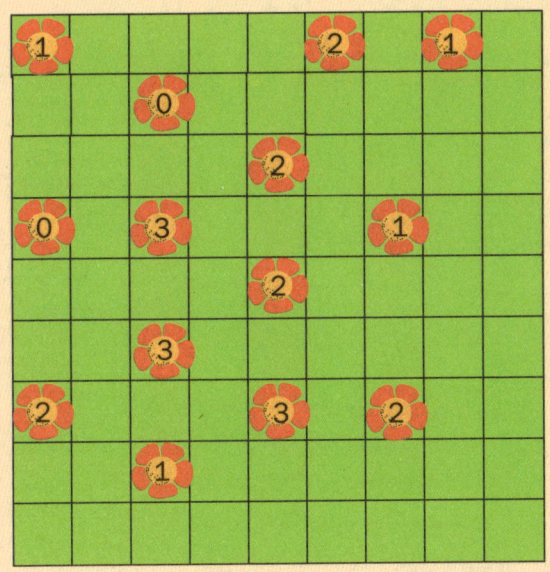

（4）制作一盒特殊的圆筒，其内装的物品要在儿童接触的环境特别是在户外环境中能够找到。每次只拿出一个圆筒来问儿童："你能在附近找到跟这个的味道相同的东西么？"

（5）在花园或在户外散步时探索并指认另一种气味。

第四章
语言活动

概 述

语言的主要功能是交际，就是要让别人知道我们现在的想法。如果别人站在我们面前，我们想要让他们知道我们现在的想法，这时我们天生的意向就是说话（如果他们听不见我们说话，就做手势）。但是，如果我们想要把我们现在的想法留下来，以后再告诉别人或者告诉别处的人，或者，如果我们的想法是大家普遍关心的，那么单凭说话是不够的。我们声音所及范围有限，维持不了多久。问题是如何发表永久性的讲话。

有些文化的解决方法就是建立一个口述传统，例如一个容易记且可以教给别人的故事或歌谣，这样人们就可以经常重复或教他们认识的人，包括他们的小孩。很多文化还用另一种合理的解决方法——用永久的视觉或触觉形象来展现说话的声音，这样那些学会如何将这些形象转换为声音的人，就可以随时方便地"听到说话"。书面语言一直都含有这种语音符号。

正如说话是我们想要交流自己思想的自然反应，学习说话自然成为儿童成长的一部分，就像人学会用两条腿走路，或用大拇指配合其他四个手指来操纵物体。一名听力正常的儿童生活在说话的大人周围，将不可避免地在其人生最初的几年内学会说话。

但是写作和阅读却不这样。很多人终其一生看到了大量的书面材料，如报纸、标记、书本和信件等，而他们从来没能学会阅读和写作。

阅读和写作不像说话，它们不是普遍现象或人的自然活动，而是说话这种自然活动的文化衍生。儿童自然而然地就会说话，但儿童必须接受教育，才能学会作为文化衍生的写作和阅读。因此蒙台梭利的语言活动，是以儿童自发开始说出表达意思的话语为前提，而语言活动的主要目的是培养阅读和写作能力。还有，因为阅读和写作是说话的衍生，蒙台梭利用来培养这些文化技能的策略，是建立在说话时发出的声音的基础上。

早期的语言活动用来提高正牙牙学语的小孩的说话技能，从而为其写作和阅读打下基础。在儿童能用短语或短句表达意思的

妈妈应创造各种机会和宝宝说话，并积极地对宝宝"咿呀"的声音做出反应。

时候，就可以开始这些准备性的语言活动。

在人生的头两年里，幼儿都是不加理性或描述性思考地看、听和经历很多事物。这些数以百计甚至千计的印象被储存起来，等到后来被辨别与理解。正是这第一个语言活动——图片分类，帮助幼儿把每个印象与一个清晰简单的类别相挂钩，从而定义大量的印象并使其有序化。儿童那时可以说出这些印象的名称，联想到相关印象，区分无关印象。这种早期的准备，对于学习阅读与写作非常重要，原因有两个。第一，在儿童能以书面形式表达或接收对世界的观点之前，世界必须显得有序。第二，此时的儿童将语言作为表达个人需求的主要方式；图片分类让儿童知道世界的事物本身可以有实体和意义，而不只因儿童的关注而存在。这唤醒了儿童对世界的观点，即大家都在关注着世界，而这些观点值得去书写和阅读。

其他预备性的语言活动增强了儿童对日常口语（见"讲话"）词汇的关注和使用，并且训练儿童听辨所有口语词汇（见"我猜"）中的发音成分。此时，为儿童搭起一座口语词汇和书面语词汇之间的桥梁：将口语词汇的发音成分，单独地与特别的视觉上的和触觉上的形象即字母（见"砂纸字母"）联系在一起。

早期预备完成后，立即开展真正的学习写作和阅读的活动。这是因为，如果儿童在记录自我思想方面有令其满意的经历，那么他就更容易去阅读理解别人的思想。还有，儿童所写的单词将会出现在阅读资料中，而其阅读过的单词，将自然而然地成为儿童写作时的词汇库。简而言之，阅读和写作是相辅相成的。

学习写作的主要活动是使用可移动字母表。儿童用可移动的字母表，来运用砂纸字母课程中所学到的内容，将特定的声音与特殊的形象联系起来，形成单词。在"我猜"的活动中，儿童读出单词的发音，而垫子上摆着与这些发音相对应的塑料字母，形状同砂纸字母。"可移动字母表"活动的讲解强调写作是用来记录一种想法，而想法不仅可以被说出来，也可以被写下来。用业已成形的塑料字母来教孩子写作，让孩子在学会用笔和纸写字所需的技巧之前，开始以书面形式表达想法。当儿童开始熟悉书面表达，通过细致地临摹砂纸字母，并创造性地使用金属插件逐渐掌握写字技巧，以及后来的其他活动，促使儿童从使用可移动字母表拼写单词，过渡到用黑板写字，然后用铅笔和纸张写字。

注意儿童在开始学习写作的初期，只要根据词汇的发音尽量拼写单词。大人必须克制自己，不要在活动中纠正孩子文章里的拼写错误。允许孩子出现拼写错误，因为随着阅读经验的增加，这些拼写错误会自然而然地被纠正，还因为学习单词拼写的焦虑和所花费的精力会抵消这份自我表达的简单快乐。在此初期，培养信心和乐趣最为重要；以后有很多时间来提高基本技能。

　　学习阅读的主要活动是"物品盒"的讲解。这些"物品"被摆在桌子上，邀请儿童来猜你正在想其中的哪个物品。然后将物品的名称写在纸上递给孩子作为提示。这样做是为了明确强调阅读的目的，在于发现别人的思想。要使介绍阅读的第一堂课变得容易，你就得只想着几件东西，并且这些东西都摆在桌面上。在需要孩子说出某个单词时，不要求读音完全准确，因为儿童一直在一边看着东西，一边想着它们的名称。阅读的起步阶段通常比较困难，因为儿童费力发音的单词可以是英语中的任何一个单词。

　　让阅读和写作的初级学习变成有趣且实用的活动，能够促使我们了解和认识世界，并且与他人分享思想和经验。

前期准备

1. 分类图片

目的： 帮助儿童把对世界的早期印象分成简单而清楚的类别，并为这些印象和类别命名。

教具： 大约15套的卡片，每套都用一根橡皮筋绑好，全部放在一个带盖的盒子里。每套都有10到20张卡片，每张卡片的一面画有图片而另一面带有表明其属于哪套卡片的标志。每套卡片第一张的图案都是总的特定场景、状况或主题（如厨房、火车站、城市街道、生日派对、制服、机动车），而其他图片都是那个场景下的某一项（如在厨房：一个壶、一个磨碎机、一

平时跟宝宝说话时，要说清物品的名称，把物品按类别归类。

个冰箱)。

如何制作教具：你将需要用到：旧杂志、彩色宣传单和商店目录；剪刀；无毒胶水；大约300张普通卡片纸；一支笔；细橡皮筋；一个带盖盒子。

(a) 列出至少15个儿童已经见识过的场景、状况或主题，用一到两个词汇表述。例如，大多数幼儿都洗过"澡"，参加过"生日派对"，或看过在"厨房"准备餐食。如果你非常了解儿童，也可以列出儿童有深刻印象且经常提到的特殊状况，例如游览"机场"或参观"电影院"。

(b) 从旧杂志或广告宣传单上剪下一张图片或拍张照片描述列表中的场景，展示整个场景布置的全貌。如果你善于绘画，画一张彩色图来代替剪辑或拍照。如果主题是一个类别，而不是一个场景，那就拍下一个你可以找到很多与那个类别相关事物的地方。(例如：若主题是"野生动物"，那就选择一张带有动物的丛林画面；若主题是"服装"，那就选用一张服装店或衣橱的照片。)

(c) 从旧杂志、广告印刷品、商店目录或很多小简报中收集，每张上都能找出与清单所列场景相关的普通物体。(例如，如果你的清单上有"厨房"，你可以找到一张有炊具、锅、搅拌器、围裙和汤罐的图片。)如果你善于绘画，用简单的颜色画画，来代替剪辑图片。确定图片上的每个物体只和某个场景有着密切的联系。(例如，如果你的列表上既有"客厅"又有"卧室"，那么就不应该使用画有窗帘的图片，因为这两个地方都有窗帘。)确保每个物体只在一张图片上，为清单上的15个场景主题各收集10张到20

张不同图片。

(d)将每张图片（每张全场景图和每张单个物体图）贴在一张简单的索引卡片上。在"场景"卡及与其相关的"物体"卡的背面右上角，画上淡淡的小标记（例如正方形、星星或圆圈）。为其他的"场景"卡及与其相关的"物体"卡，分别画上不同的标记。用橡皮筋将每套卡片捆好，全场景卡放在最上面，并将每套卡片放入一个带盖的盒子。

讲解：

说出分类图片的名称，指出其摆放的位置，选出一套儿童熟悉的场景卡片，放在桌子上。

从全场景图片开始，依次观察每张卡片，与儿童讨论图片上的每样东西。一定要使用正确的物体名称（如长柄勺、抹刀、料理机）。如果儿童不认识卡片上的图案，照样说出其名称并进行讨论，但要悄悄地记在心里。当你浏览完一套卡片中的所有卡片，你可以这样说"这些东西都能在厨房找到"或者"这些都是野生动物"。

教儿童如何使用橡皮筋把这些卡片捆到一起，"场景"卡在最上面。

另选一天，用三阶段课程来教孩子们不认识的图片的名称（三阶段课程的教学方法参见"感官活动"）。

练习：

（1）按照讲解内容并根据儿童的兴趣和经验，和他们一起浏览其他几套分类图片。

蒙爸蒙妈亲子拓展

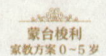

填补空白

5 个标号的部分哪一个可以放在空白处？

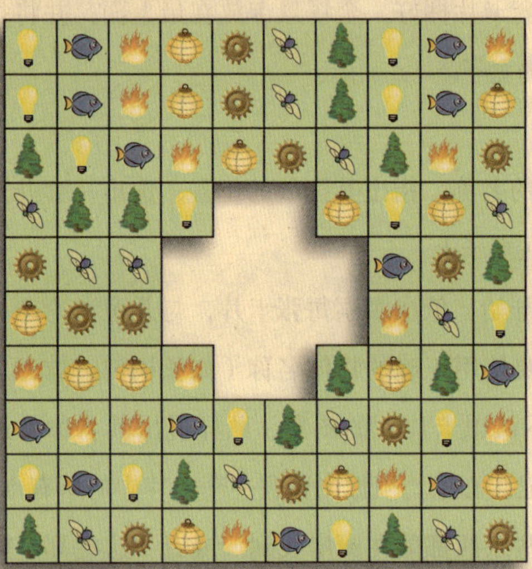

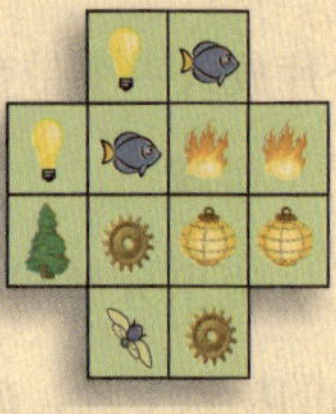

A

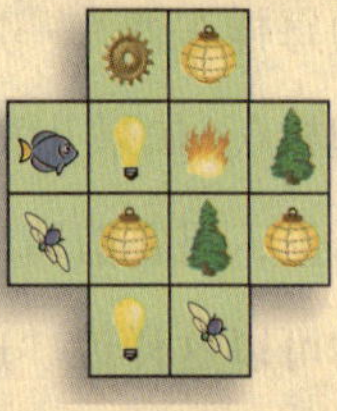

B

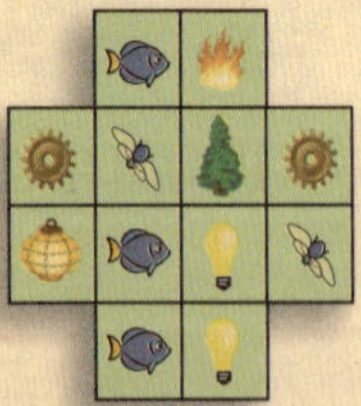

C

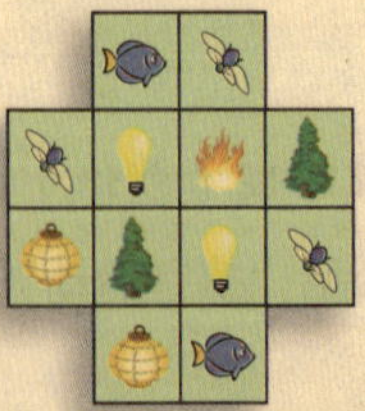

D

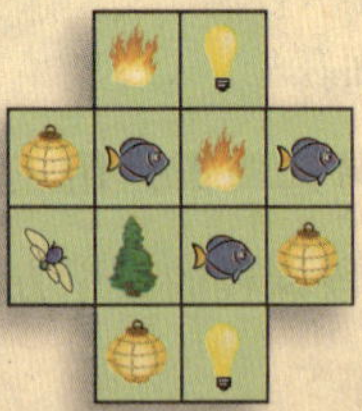

E

(2)儿童独自或跟另一个孩子一起浏览一套卡片。

(3)儿童从两套或两套以上的卡片中选出画有单个物体的卡片,打乱卡片顺序并且将卡片面朝上摊开。然后将这些"物体"卡片分成一叠一叠放在相应的"场景"卡下面。完成后,孩子将这几叠翻过来,检查每一叠卡片右上角的管理标记是否相同。

(4)某天在儿童正要开始练习(3)时,举个例子,指着摊开的图片说:"你能看到在厨房里的常见物体吗?是的,这是什么?"对另一种类物体提同样的问题,比如说:"你能看到在机场的常见物体吗?是的,这是什么?"不停地这样提问题,直到完成所有图片的分类,使儿童在进行分类的同时也能有机会说出物体的名称。

2. 我猜

目的:让儿童明白口语中的声音,并教会他们如何分辨这些词汇中的声音。[英语中的原始声音为 a(如在单词"at"中的发音);b(如在单词"sob"中的发音);c(如在单词"can"中的发音);d(如在单词"mud"中的发音);e(如在单词"egg"中的发音);f(如在单词"fun"中的发音);g(如在单词"mug"中的发音);h(如在单词"hat"中的发音);i(如在单词"it"中的发音);j(如在单词"jump"中的发音);l(如在单词"pill"中的发音);m(如在单词"moss"中的发音);t(如在单词"at"中的发音);u(如在单词"up"中的发音);v(如在单词"ever"中的发音);w(如在单词"wet"中的发音);x(如在单词"fox"中的发音);y(如在单词"yes"中的发音);z(如在单词"zoo"中的发音）；ai（如在单词"aim"中的发音）；ee（如在单词"see"中的发音）；ie（如在单词"pie"中的发音）；oa（如在单词"boat"中的发音）；ue（如在单词"blue"中的发音）；ar（如在单词"car"中的发音）；er（如在单词"her"中的发音）；or（如在单词"orbit"中的发音）；oo（如在单词"book"中的发音）；ou（如在单词"out"中的发音）；oy（如在单词"boy"中的发音）；sh（如在单词"push"中的发音）；ch（如在单词"much"中的发音）；th（如在单词"moth"中的发音）；qu（如在单词"quiz"中的发音）。]

准备：记住上述声音及其拼写，这些叫作"表音符号"。你可能要训练自己不使用字母音，而是使用表音读法。（例如，"p"在"lap"中读"puh"，而不读其字母音"pea"。）

反复读一个单词，并且用表音符号写下这个单词，作为发音的练习，从而学会该单词的表音拼写。练习将短单词分解成声音成分，然后再进行分解长单词的练习。

多阶段：儿童在1～2年的时间里，在导师的带领下，经历以下几个阶段。每天至少进行一次"我猜"的游戏。当你和孩子一起在等待或放松的时候,是进行这个游戏的好时机。在进入下一个阶段前,每个阶段至少持续几个月。如果是在一群年龄大小不一的儿童中,进行"我猜"游戏,在各个阶段之间滚动进行,使得各个年龄且水平不一的孩子们都能参与。

(1)手持一件常用物品(如一支铅笔),好让孩子看见它。盯着这件物品,说道:"我用我的小眼睛来猜猜某样开头发音为( )的东西,发出这件物品的第一个声音(如"p")。"(记住,"p"不读"pea"而读单词"lap"中的"puh"。)如有必要可稍做提示,当你听到正确的答案时(如"pen"),马上重复读出这个单词确认答案。用屋内的其他物品重复这个过程。

(2)同阶段(1),但是拿着或摆出两件日常物品,而这两件物品的开头发音不同。盯着这两件物品,但只对其中一样进行"我猜"活动,读出其开头音。获得正确答案时,重复读出该单词及其开头音。对另外一对物品重复此过程。而后,用三个甚至更多的物品重复这一过程,但是只有一个物品的开头音与给定的发音相同。

(3)同阶段(2),但是扩展备选物品的范围至某个环境的一小部分,如房间一角的所有东西。通过重复读出正确答案的单词及其开头音,来确认所有答案,即在这一范围内以特定声音开头的物品(因为儿童可能会看到你没有想到的东西),对这个环境的同一小部分或另一小部分重复这一过程。而后,对环境中的一个更大些的部分重复这一过程,然后是对整个可见的环境。

(4)同阶段(3),但是说明你脑海中那件物品的第一个发音和最后一个发音,说:"我用我的小眼睛来猜猜某样开头发音为( )且结尾发音为( )的东西。"立即重复读出正确答案及其首尾两个发音来确认答案,说道:"开头音为( ),结尾音为( )。"

(5)从进行阶段(4)的活动开始,先选择一个简单的单词,仅由3个音组成(如book),并且缩小备选物品的范围,确保这个单词是唯一的正确答案。在你听到正确答案后,像先前一样重复这个单词及其首尾发音。但是接下来就强调剩余的中间发音(如"oo"),并分别且依次地读出这3个发音。请孩子(们)跟着你读出这个单词里的3个音(如"book——'b''oo''c'")。用其他三音单词来重复活动,慢慢地提升至四音单词,然后是五音单词。每次在猜完物品后,和孩子(们)一起分析所有的中间发音,然后依次读出所有发音。直到孩子们没有进行"我猜"游戏也能够

蒙爸蒙妈亲子拓展

猜谜语

走起路来落梅花,
从早到晚守着家。
看见生人就想咬,
看见主人摇尾巴。
(打一动物)

分解单词。

问道："你能想到一个有（　）音的单词吗？"儿童即可想到任何一个单词，无须特定物品作为提示。而后，对具备一定能力的儿童，再提一个关于两个不同发音的问题："你能想到一个具有（　）发音和（　）发音的单词吗？"

3. 讲话

目的：让孩子建立用语言表达思想观念的意识，包括举出一个关于语言文化遗产的例子；发起小组讨论（包括小组演讲、倾听、综合观念）；以及教会孩子在准备较长的文字或话语时，如何用逻辑思维来考虑一个特定的主题。

教具：儿童教科书和一本诗选或歌集。

讲解：

这些活动最适合一组 3 个或 3 个以上混合年龄的儿童参加，但也可以只让 1 个儿童参加。

提问

对一组小朋友宣读一个主谓宾齐全的句子，内容涉及刚刚发生的且为大多数小朋友熟悉的事情。（例如："保罗洗了盘子。"）

向这组小朋友提问，先是关于谓语，再是关于主语，最后关于宾语，如下所示：让儿童的注意力轮流集中到这些单词上（例如，关于谓语："保罗对盘子做了什么？"关于主语："谁洗了盘子？"关于宾语："保罗洗了什么？"），而后马上就单词的概念进行细节化的提问（例如，关于谓语："他什么时候洗了它们？为什

么要洗它们？它们在哪里被洗了？"关于主语："谁是保罗？他多大了？保罗穿着什么？"关于宾语："盘子是什么颜色的？现在这些盘子都在哪里？是谁把盘子弄脏的？"）。所提的问题不是仅用"是"或"否"就能回答的是非题。无论答案是事实还是编造的，只要是对这个问题的逻辑性反应，就要表示感谢，但是如果遇到愚蠢的回答，那就清楚地说"我不这样认为"。只要孩子们的兴趣依旧，那就继续这种快速提问。

用另一个主谓宾句子来重复游戏。

每日新闻

定期组织一个小组，让所有小组成员围坐成一圈。

请孩子们单独（但不按固定顺序）向小组成员提供信息、观点、经历或者言语表述。先从你自己开始，读一首短诗或一篇简短的个人轶事。要求每个孩子都要专心地听并且在这个孩子说完后表示感谢，或者说句谢谢，或者鼓掌。

如果提出了一个所有小组成员都感兴趣的话题,那么就请他们畅所欲言。在讨论中,综合提出的观点,并指出这些观点是由谁提出的。

讲故事

选一本书来朗读或编造一个故事来讲。为2岁大的幼儿选择一个关于初学走路的小孩的故事。为3~4岁的儿童选择关于日常事物、外出旅行和亲戚关系的故事。为4~5岁的儿童选择带有情节的故事、百科全书、简单的幽默故事、科幻小说和道德神话故事。绝不要讲任何会让孩子感到不安全的故事。最好的故事能拓宽思维、理清情感或能回答已提出的和未提出的问题。

让一组人数较少的适龄儿童坐在你面前,围成半圆,这样你可以清楚地看到他们每一个人。

如果这本书是一本科幻小说,一定要讲清楚书中的内容是虚构的,不是真实的。大声地朗读,口齿清楚,语速缓慢,每读一页就停下来向孩子们展示上面的图片。鼓励所有孩子和你一起朗读重复的段落。让坐立不安或好动的小孩坐在你边上。

稍后,请孩子们对这个故事进行开放式的讨论(如:所发生的事情公平吗?这个故事可以有别的结局吗?)。

如果有孩子已经学习过"手持书本"的活动(见实践活动),那就告诉大家你将把书本放在阅读角。

诗歌

保留一本短诗集、歌谱、手指游戏歌谣和动作歌谣。记住其大部分内容。

蒙爸蒙妈亲子拓展

真假难辨

这些人分别来自托特家和弗尔斯家。托特家的人总是讲真话,而弗尔斯家的人总是讲假话。

这些人分别是谁家的,请在他们脚下的方框里填上恰当的字母。

让一组安静且注意力集中的小朋友背诵一首短诗（或一首长诗中的一节）或者唱一首歌。让一组好动的小朋友进行手指游戏或动作歌谣。鼓励小朋友们一起唱。在教一首歌时，吐词要清晰，解释所有新单词。如果可以的话，可以把歌谣联系实际（如加入个人经历、天气或最近的假日）。把瞎话连篇的押韵诗表现得非常滑稽且不真实。

4. 砂纸字母板

目的：

帮助儿童将话语中的声音和书写符号联系在一起，这是写作和阅读所必要的前期工作。

教具：

40张薄木板，每张木板上都贴有一或两个从光滑的砂纸上剪出的小写字母。这些字母分别为39个英语表音符号（见"我猜"活动）再加上"k"（其发音同表音字符"c"的发音）。这些字母位于木板上略微靠右的位置。将贴有单个的元音字母木板涂成蓝色，将贴有单个辅音字母的木板涂成红色，将贴有两个表音字符的木板涂成绿色；贴在木板上的剪切砂纸不涂任何颜色。这些木板竖直放置在两个敞口盒子里：将单字母木板放在一个盒子里，而双字母木板放在另一个盒子里。

（DIY提示：用彩色无光泽纸板来代替木板作为底板。选择上下两端没有短线的字母形式，用索引卡制作字母模板，再用多用途小刀将其剪出，然后把它们面朝下放在精细砂纸的背面，从砂纸中剪出这些字母形状。把砂纸字母粘在纸板涂了颜色的那一面上，砂纸那面朝上。）

讲解：

说出砂纸字母的名称，指出其摆放的位置，从中挑选出形状和声音对比非常明显，蓝色、红色和绿色的字母板各一张（例如"i""f"和"oy"）。将纸板放在一张大家都可以围坐在一起的桌子上。

活动你和孩子的手指（见感觉活动中的"活动手指"）。

向儿童展示如何用惯用手的食指和中指轻轻地连续触摸字母，如何用另一只手稳稳地抓住字母板，并且如何靠着椅背双脚着地坐直身体。（演示触摸的轻重程度，用你触摸砂纸字母的力度触摸儿童的手臂。）

用这3块字母板的其中一个发音,进行"我猜"活动的阶段（3）。

说:"你想要看看发音（ ）是什么样子的吗?"

将那块贴有那个表音字符的木板直接放在你和孩子的面前。在你触摸这个（些）字母时读出其发音,在你写这个（些）字母时也可以使用同样的字母形状,请孩子也照着你的方式做。当你再次触摸这块字母板的时候,说出这个表音字符。

用同样方式介绍另外两块字母板,并且利用三阶段课程把这些发音同其符号联系起来。在每个阶段,当孩子指出或说出一块字母板时,孩子就应该触摸上面的字母并读出其发音。在这一课程的第三阶段结束后,轮流使用这3个发音,再次开展"我猜"活动的阶段（3）。

将刚刚介绍过的字母板竖直放在容易看见且孩子够得到的壁架上,告诉孩子们可以随时取下这些字母板使用。

练习:

（1）按照上述讲解内容,以三个为一组讲解所有的砂纸字母板,直到孩子学会所有字母。时不时地穿插一个已经学过的字母,看看孩子是否还记得先前学过的字母。

完成"我猜"活动的阶段（1）到（5）,但不要读出发音,而是用砂纸字母板来显示你脑海中的发音（如"我用我的小眼睛猜某样东西以……为开头的",然后出示其中一块字母板）。让猜到答案的孩子触摸砂纸字母并读出其发音。

书 写

1. 金属插件

目的：帮助儿童熟练掌握用书写工具写字，包括下笔的轻重，用力的均匀，线条的连贯，线条的掌控，对字母的曲线和角度的熟悉程度。

教具：10个正方形金属平面，每块金属平面上都有一个镂空形状。每个镂空形状或"插件"都是蓝色的并且各不相同，在其中央有一个小捏手而其边缘或"框架"则是粉红的。这10个框架及其插件落在两个倾斜的木架子上。这10个形状分别为：（在其中一个架子上）曲线三角形、四叶形、圆形、椭圆形和卵形；（在另一个架子上）三角形、长方形、正方形、五边形和梯形。

牢固而光滑的正方形油毡板，比上述的正方形金属平面大。

一系列颜色笔。

浅色或白色正方形纸张，和"框架"外边缘的大小相同，置于一个敞开的盒子里。

（DIY提示：用多用途小刀，从厚硬的塑料板或油毡上裁出框架及其插件。你可以用粗塑料线把大的豆子固定在每个形状的中央作为捏手。）

讲解：

说出金属片的名称及其摆放位置。取出一块油毡板，在上面放一张纸，在纸上放一块带有插件的框架，然后将油毡板放到一张可以围坐的桌子上。（指出当你将金属片转移到桌子上的时候，你是如何用手指固定着油毡板上的框架。）

现在取出 3 支不同颜色的笔放在油毡板的旁边，然后和孩子一起坐到桌边。

在开始画之前，先教孩子如何用惯用手轻轻地且稳定地握笔，如何用另一只手固定插件或框架，以及如何双脚着地靠着椅背坐直。（为了让孩子了解握笔的轻重，用你握笔的力度来握着孩子的手指。）

现在把插件从框架上取走，轻轻地放到桌子上。将框架的外边缘和纸张的边缘对齐。选一支颜色笔。固定住框架，仔细地用颜色笔一笔勾勒出框架的内边缘。

接下来，把框架移走并轻轻地放到桌子上，把插件放到纸上，这样插件的各条边与刚刚所画的线正好重合。选择一支不同的颜色笔，用手按住捏手固定插件，仔细地用颜色笔一笔勾勒出插件的外边缘，盖住第一条线。

将插件从纸上取走，轻轻地放到框架中。固定纸张，用第三种颜色笔从所画图形内的左边开始画上连贯且密集的 Z 字形垂直线条，从上到下，再到右边，这样这个图形就被填满了这些密密麻麻的垂直线条。

和孩子一同观测结果。请孩子用另外一张纸重复你所进行的过程。

告诉孩子保存工作成果的方法和位置。

练习:

(1) 儿童独立完成任务,按照讲解内容画出金属插件的边缘并且填充图形。

(2) 同练习(1),除了以下步骤:画完一个框架的内边缘后,儿童把插件放在纸上,插件与最先画的那条线不吻合,但是转动插件使其对称地叠在线上(圆形无法达到这一点)。最终的图形将会出现一个"内"部和几个"外"部。然后,孩子用Z字形线条填充,"内"部用一种颜色,"外"部用另一种颜色。

(3) 同练习(2),孩子除了结合使用两个形状外,还要用到更多的形状来创造出有很多个可填充部分的对称图形。

2. 可移动字母表

目的: 作为写作的入门,教会孩子这些用于表达思想和记录经历的语音符号。总而言之,促进自我表达。

教具: "可移动大字母表":一个大的双层浅底盒子,内有字母表所有字母,均为小写且每个字母有5片,相同的5个字母装在一个格子里。每个字母都是薄薄的塑料片(元音为蓝色,辅音为粉红色),与砂纸字母的大小形状相同(见砂纸字母板)。

"可移动小字母表":一个大的浅底盒子,每个小写字母各有10片,装在各自的格子内。这些字母的形状与可移动大字母表中的相同,但体积要小一些,而且没有颜色差异。

"印刷体字母表":盒内装有印着字母和符号的白色长方形小

卡片，这些字母和符号比可移动小字母表要小，线条也更细些，但是形状是一致的。其中每个小写字母各有25张，大写字母各有5张，8个标点符号（？！""．，；：）各有15张。

（DIY提示：从彩色无光泽纸板上剪出可移动大字母表和可移动小字母表上的字母。用墨汁在一张张白色铜板纸板上画出印刷体字母表上的字母。你可以尝试将塑胶信封钉在一块大的板上，来代替带格子的木盒。）

讲解：

介绍可移动大字母表的名称及其摆放的位置，将其取出放在一张地垫上。

教孩子如何把盒子放到底朝天的盖子里，然后取出两层并排放置。

和孩子一起探索字母表。首先，用眼睛看，你说出一个单字母的表音字符的发音，要求儿童指认，然后你指着某个字母让儿童读出其发音。接着，通过触摸来探索字母，你读出表音字符的发音，要求儿童把各种单字母放在垫子上，然后是双字母，如果孩子有些不确定，那就再回到砂纸字母活动。在探索过程中，要让儿童注意到以下这些小细节："i"和"j"上的点是分开写的；"p""d"和"b"形状实际上是相同的，主要是看摆放的方式；"f"和"t"以及"i"和"l"之间的微妙区别；在读表音字符"c"时，字母"c"和"k"都可以用。请孩子把字母放回原位。

进行几分钟的"我猜"活动的阶段（5），直至你碰到一个名称由3个单字母表音字符组成的物品，而且儿童正确地读出这个名称。然后你可以说："j-u-g，非常正确！你想要写出'jug'这个单词吗？我们再来读一遍这些发音'j'——请找出表示'j'的字母；现在是'u'——请从盒子里找出'u'；而现在是'g'——找出'g'。"在孩子把它们递给你的时候，在垫子上把字母从左到右排成一排。

完成后，激动地说道："我们刚才想着单词'jug'就用盒子中的字母拼写出了'jug'！"要求儿童把这些字母放回盒中的原位。

选用其他能够用3个单字母表音字符正确拼写的单词来重复这个过程（如：cat、bus、dog），但是让孩子选择字母并将其在垫子上排成一排。（如果孩子没有注意到先前的字母是排成一排的，告诉他这些字母应该从左到右排列，但不一定要齐平。如果孩子选错了表示单词中某个发音的字母，不要更正，但要记在心里，稍后用砂纸字母给孩子上三阶段课程，解释那些特殊的发音和字母。每完成一个单词，强调所取得的成果："你一边想着这个单词，一边靠自己拼写出了！"）

练习：既然可移动字母表的意图是教孩子用文字表达自己的思想，培养孩子的写作兴趣，在接下来的练习中，你千万不要更正任何拼写错误，也不要打断孩子写作，给他提意见。等孩子再大一些的时候，你有很充裕的时间去教他拼写和写作构思技巧。这个阶段的关键，在于让孩子把发音及相应的表音字符联系起来。你应该暗自留意孩子在选择与发音匹配的字母时所出现的错误，然后用砂纸字母进行三阶段课程进行更正。

进行"我猜"活动的阶段（5）并请孩子按照讲解用可移动大字母表来拼写单词。首先，给出仅有单字表音字符组成的单词（如"pen"），然后用双字母表音字符（如"cloth"），循序渐进到更长更难的单词。(如果孩子无法为双字母表音字符选择字母，那么就让孩子把砂纸字母放到地垫上，找到表音字符的砂纸字母板，然后再从可移动字母表中找出与字母板匹配的字母。)

此后，玩游戏，孩子可以在游戏中用可移动大字母表写东西。举个例子：你问一个简单的问题，然后让孩子用可移动字母表的字母来拼写出这个答案的单词（如"你最喜欢什么颜色？"）；要求孩子拼写出与房间里的物品有关的所有单词（如"你能说出书架上所有东西的名称吗？"）；或者请孩子动脑筋想一想与特定主题相关的单词（如"你喜欢吃什么？"）。

说出可移动小字母表的名称，指出其摆放的位置，取出放到一张地垫上，请孩子用手拿这些字母并察看。引出一个让孩子感兴趣的话题进行讨论，或者就这一话题提问。如果孩子说了一个由3~4个单词组成的相关词组（如"my dog runs fast——我的狗跑得很快"),你可以说:"让我来看看如何用可移动小字母表来写出'my dog runs fast'。"和孩子一起读出词组中的每个发音,但是在单词与单词之间,把两个指头放在自己的嘴唇上强调停顿。然后,只读第一个单词,并让孩子用字母拼写出这个单词。在孩子完成第一个单词的拼写后,再读一次单词,将手指放在你的嘴唇上表示每个单词后的停顿,然后放下这两个手指到垫子上孩子刚刚拼写的单词右边。你用两个手指在垫子上标出第一个单词和第二单词之间的空隙。在你读第二个单词时,仍然把两个手指留在原位,请孩子用字母在手指右边拼写出第二个单词。以同样方式完成这个词组;孩子每添加一个单词,你就读出所拼写完成的词组部分,把手指放在嘴唇上作为单词间的停顿。完成词组拼写后,你要表现出极大的热忱,比如可以这样说:"你刚才想着'my dog runs fast',而现在你已经把它拼写出来了!"要求儿童把字母放回到盒子中。继续讨论并用其他词组来重复上述过程。

稍后,请孩子用拼写单词来回答你的问题,例如,拼写出孩子那天早上做的所有事情(如"washed the cloths 洗了衣服""drank some juice 喝了些果汁",等等)。如果孩子难以在单词间留空隙,重复上一个程序——用两个手指来表示所读单词间的停顿以及拼写单词间的空隙。还可以让孩子看看书本上的单词间的空隙来体会这一点。当孩子让你看地垫上已经完成的可移动字母表作品时,你可能无法理解其中一些词组,因为语音拼写可能是错误的。因此,你一定要自己尽可能地默念,对其中一些想法进行讨论,让孩子知道你确实明白了。(不要让孩子对你读出可移动字母表作品,可移动字母表只是一个写作练习,将会有其他练习让孩子接受阅读训练。)

从印刷体字母表取出标点符号放在盒内特定位置。说出印刷体字母表的名称并指出其摆放的位置,取出后放到一张地垫上,请孩子用手拿这些字母并察看。引出一个儿童感兴趣的话题进行讨论,或建立一小组的事实,这些事实联系在一起可以表述一件事或一个情境。比方说"让我们写个关于……的故事",和孩子一起想应该先说什么,再说什么,但是每次定下一个简短的句子,就让孩子一个人将这个句子拼写出来。让儿童知道两个句子之间有一个长的停顿。就像用两个手指标出两个单词间的空隙,你可以演示如何用一整只手来标出句子间的空隙。还要帮助儿童把单词摆放成整齐的一行行,教会孩子一个句子可以从一行开始,在下一行结束。每完成一个句子,就从头到尾把所写的句子读一遍,中间要有短的和长的停顿。写完故事的所有句子后,说道:"我们想到了一个关于……的故事,现在你已经把它写出来了!"在那天的讲故事时间(见"讲话"),在朗读两本出版的故事集时穿插这个孩子所写的故事。此后,主动为孩子保存这个故事(因为这确实花了不少工夫),在一张纸上原原本本地抄下孩子所写的故事。然后,要求孩子把字母放回到盒子中。

另选时间重复这一过程。

而后,请孩子独自写出故事。如有需要,你可以建议孩子写来源于自身经历的主题或情景。如果这对孩子似乎还是太难的话,请孩子写出你们经常一起吟唱的歌谣或诗。

3. 书写单个字母

目的：让孩子临摹字母和数字。

教具：40个砂纸字母板和10个砂纸数字、一块黑板、装在粉笔套内的粉笔、黑板擦、一块面巾和一块毛巾。

讲解：介绍黑板、粉笔和黑板擦的名称，指出其摆放的位置，取出放在一张桌子上。演示如何弄湿面巾，并将其和毛巾一起放到桌上。坐到桌子边上，告诉孩子如何抓住粉笔套，如何擦黑板，以及如何用面巾和毛巾清洗和擦干沾了粉笔灰的手指（为的是不让砂纸字母和数字上沾上粉笔灰）。

请儿童选出其中一个蓝色（元音）砂纸字母放到桌子上。将这个字母摆到黑板的左边。

清洗并擦干你的手指，触摸字母，读出其发音并用粉笔在黑板上慢慢地画出这个字母。和孩子一起比较所画字母和砂纸字母。擦掉所画的字母。

用同一个字母重复上述过程，先从清洗你的手指开始。

请孩子来尝试，从清洗手指开始。

让孩子把这个蓝色（元音）砂纸字母换成一个红色（辅音）字母。请孩子再次清洗和擦干手指，然后触摸，朗读并画出辅音砂纸字母。如果孩子感兴趣，用其他砂纸字母重复活动。

儿童完成后，演示如何用擦过手的面巾来擦干净黑板，并要求收好所有教具。

蒙爸蒙妈亲子拓展

字母填空

仔细找一找,哪个选项可以完成这道难题?

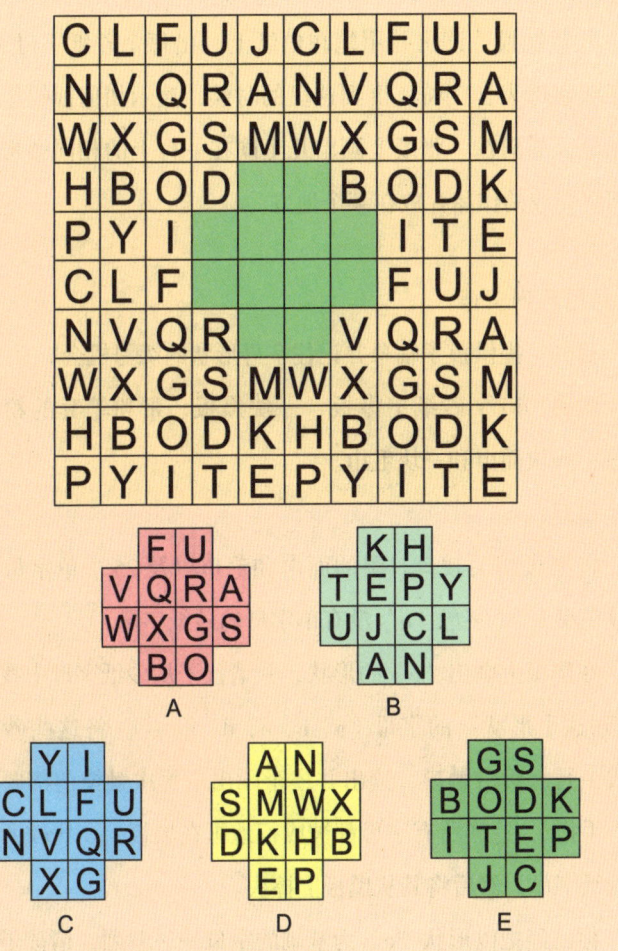

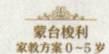

练习：

儿童按照讲解内容清洗手指，然后逐一触摸、读出并用粉笔在黑板上画出每张砂纸字母和数字板，包括双字母的表音字符。指导孩子先从元音字母开始，然后是单字母辅音，再是双字母表音字符，最后是数字。

儿童触摸、读出并用笔在白纸上画出每个砂纸字母和数字，包括双字母表音字符。讲到这里的时候，演示如何握铅笔，如何削铅笔，如何在一张纸上画出几个同在一行上的相同图形，以及如何将完成的作品存放在某个地方。

4. 书写系列字母

目的： 提供孩子临摹并记住字母形状的练习机会。

教具： 40个砂纸字母板、一块黑板、带粉笔套的粉笔、黑板擦、一块面巾和一块毛巾。

讲解：

将黑板相关教具、湿的面巾和毛巾以及25个单字母砂纸字母放在桌上。（字母"q"没有单字母的砂纸字母。）

在黑板上画出"c"的形状，并请孩子从砂纸字母中找出所有"用到这个形状"的字母（a、c、e、d、g、o）。将这些砂纸字母排成一行，然后触摸、读出并挨个画出（每次触摸前都要清洗并擦干手指），这样所有字母都被成行地画在黑板上。比较所画字母和砂纸字母，然后将其从黑板上擦去。

你已经把以形状"c"为基础的字母——罗列，请孩子尝试把这一字母系列全部画在黑板上。

练习：

（1）儿童独自按照讲解内容触摸、读出并在黑板上成行地画出："c"系列字母（带有一条曲线）；然后是"l"系列字母（带有一条直线：b、f、i、j、k、l、p、t）；然后是"r"系列（带有一条直线和一条曲线：h、m、n、r、u）；最后是"\"系列字母（带有斜线：s、v、w、x、y、z）。像先前一样，儿童在触摸一个字母前都必须清洗并擦干手指。

（2）儿童触摸、读出并画出"o"系列的双字母表音字符（oo、ou、or、oa、oy），然后是"a"系列的（ai、ar、aw），然后"e"系列的（ue、er、ee、ie），然后是"h"系列的（sh、ch、th），最

蒙爸蒙妈亲子拓展

T时代

你可以把这4个图片拼成一个完整的大写字母T吗？

蒙爸蒙妈亲子拓展

分割棋盘

你能把这个棋盘正确地分割并拼出这些英文句子吗?

有许多图形和物体都可以成为七巧板类的题目——比如说国际象棋的棋盘和你们家厨房的地板砖。然而,记得当你做不出题目时不要把你们家的早报都撕掉了!

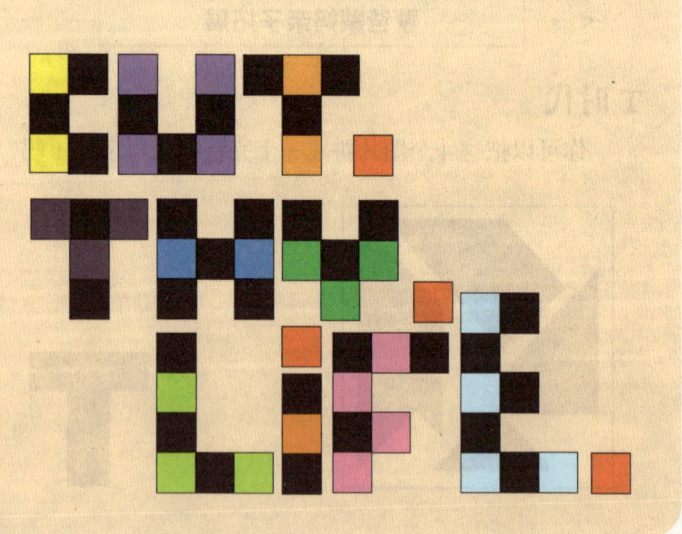

幼儿2岁左右就开始会使用笔,此时儿童进入了发展书写、绘画能力的关键时期。

后是单独的"qu"。再强调一次,儿童在触摸一个字母前都必须清洗并擦干手指。

(3)儿童触摸、读出并用黑色铅笔在白纸上画出各个系列的单字母表音字符,然后是各个系列的双字母表音字符。讲到这里时,教会孩子如何在一张纸上画出几行同一系列字母,以及如何将完工的作品存放在某个地方。

阅 读

1. 物品盒

目的: 凭借已学过发音的书写符号联想到物品,从而进行初级阅读学习。

教具: 物品盒 1,一个带盖的盒子,内装有 8 件小物品。每个物品的名称都是一个语音拼写和实际拼写相同的短单词。(如:jug 壶、bed 床、hen 母鸡、pan 锅、cat 猫、bus 大巴车、fan 扇子、pig 猪)。大多数物品不是实用物品,而只是玩具或模型。包括盒内的 8 件物品,一共有 50 件此类物品可供每周循环使用。

物品盒 2,一个带盖的盒子,内装有 15 件小物品。每件物品的名称都是一个较简单的单词,其语音拼写和实际拼写相同,但有一个不同的双字母表音字符(如:pail 桶、boy 男孩、otter 水獭、car 轿车、ship 船、goat 山羊、trout 鲑鱼)。同样,大多数物品都是小模型。一共有 30 件这样的物品可供每周循环使用。

80 张物品卡片,每张卡上都用黑色字体印着上述物品名称。在这 80 张卡片中,8 张印着物品盒 1 中的物品名称的卡片装在一个标着"1"的信封中,15 张印着物品盒 2 中的物品名称的卡片都装在标有一个"2"的信封中。剩余的57张卡片用橡皮筋捆好，和还未用到的物品一起存放。每周根据所循环使用的物品循环使用卡片。

纸条、铅笔和剪刀。

如何制作教具：你需要两个空的雪茄盒，深蓝色油漆，80张索引卡，一支黑色笔，两张厚的马尼拉纸信封和一根皮筋。

（a）到销售玩具家具、塑料或木制小玩具的商店搜罗具备上述名称特点的物品模型。添加这些具备同样特性的小家用物品（如 cap 帽子、nut 坚果、band 带子、cork 软木塞、button 纽扣、cloth 布）。搜集50件适合盒1的物品和30件适合盒2的物品。

（b）在每张索引卡画线的那一边，用较大的小写字母（字体和大小同可移动字母表中的印刷体字母表组）写下你所收集的其中一件物品名称，为每件物品都制作一张名称卡。

（c）为盒子的里外都涂上深蓝色油漆。在这个8格盒的盖子

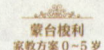

上画一个"1"并在另一个盒子的盖子上画一个"2"。在信封上也画上同样的标志"1"和"2"。按照上述教具内容,把物品放在盒子里,并把卡片放到相应的信封里。

讲解:

介绍物品盒1的名称,指出其摆放的位置,取出纸条、黑色笔以及剪刀,一起放在桌子上。

取出盒中物品,请孩子逐一说出其名称,如有需要给些提示,将这些物品摆在孩子面前的桌上。

说:"我正在想着其中一件东西。你知道是哪件吗?我不会告诉你我想的是什么,但我会给你们一些提示。"

用清楚的小写字母(字体同印刷体字母表)在一张纸条上写出其中一件物品的名称。剪断纸条,一张纸上仅有一个单词。将这个单词放在孩子和各种物品当中。说:"这是你的提示。现在说说我正在想着哪件东西?"

如有需要,指导儿童以正确的顺序说出发音,从而使发音连在一起。允许儿童挑出正确的物品来发现这些发音的意义。

激动地说:"你读出那个单词了!你会读了!我刚才正想着并写出了单词,然后你读出了,并且知道我所想的物品!"

把单词和物品紧挨着放在一旁。

对其他物品逐一重复这一过程,将每件物品与其相对应的单词放在一旁,从而供儿童选择的物品数量也逐渐减少。(留意儿童在一直犯的发音错误,这样你可以在三阶段课程中纠正这些错误。不要在儿童为一个名称选错了物品时纠正错误,在盒子里只剩下最后一件物品之前停止活动,因为你已经用过它的名字。稍后重复讲解内容,强调之前被错误命名的物品名称。)

练习:

(1)在物品盒1内物品循环更新后,重复讲解内容。

(2)用物品盒2开展讲解内容。如果孩子误以为双字母表音字符是两个单字母表音字符,用铅笔在两个字母下方画一条线,提示这两者的关系。在物品循环更新后重复这一过程。

(3)说出物品盒卡片名称,指出其信封的摆放位置,将物品盒1的信封和盒子一起摆放在桌子上。向孩子演示如何单独进行

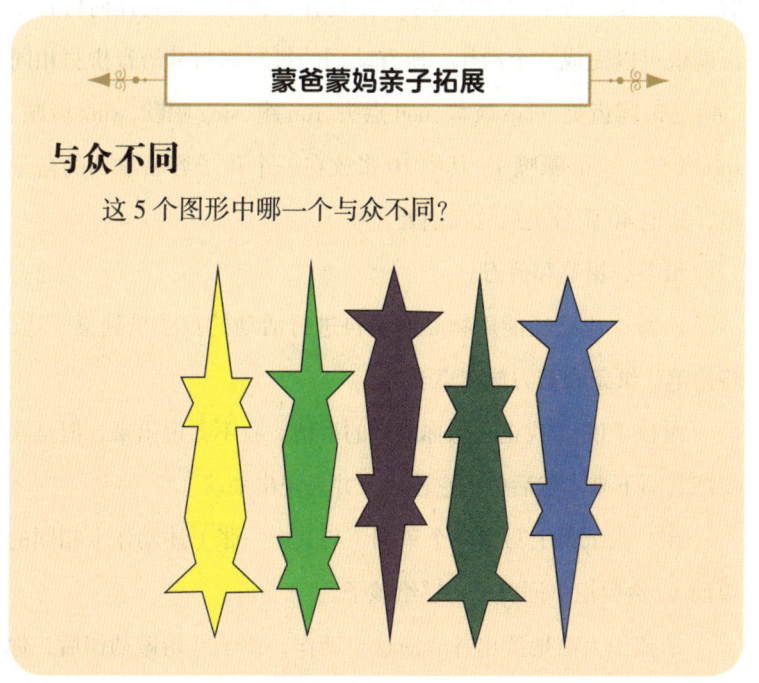

蒙爸蒙妈亲子拓展

与众不同

这5个图形中哪一个与众不同?

活动，摆出这些物品，选择一张卡片，读出卡片上的单词，找到相应的物品，将这件物品与其名称卡摆放在一起。儿童每周至少进行一次这样的活动，为更新后的物品和卡片配对。

（4）儿童如练习（3）中一样独自用物品盒2和信封2进行活动，每周至少重复一次，为更新后的物品和卡片配对。

2. 动作卡

目的：通过已学过发音的书写符号联想到一个动作，进一步学习阅读。

教具：50张动作卡，每张动作卡上都印着简单不及物动词的黑色字体。每个动词都表示一个动作，孩子不需要任何材料和帮助就可以完成这个动作。所有动词的拼写都与其语音拼写相同（如：grin 露齿笑、clap 鼓掌、nod 点头、run 跑、sing 唱歌、wink 眨眼、spin 旋转、pout 噘嘴）。其中10张放在一个孩子容易拿到的盒子里，其他40张分类后放在别处。

纸条、铅笔和剪刀。

讲解：让已经能用物品盒独自进行活动的孩子坐到桌子边，将铅笔、纸条和剪刀放在桌子上。

对孩子说："我正在想你能做的事情。我不会说出来，但是我将把它写下来。然后你把它读出来并表现出来。"

在一张纸条上写出一个单词（与其中一张上述动作卡相同的单词）。然后把单词剪下，递给孩子。

请孩子大声地读出并表演这个动作；孩子开始做动作后，你

蒙爸蒙妈亲子拓展

三面折纸游戏

我们习惯了一张纸只有 2 个面。怎样剪一张纸可以使它有 3 个面?

这样的纸我们称为三面折纸。将上面这个图复制并剪下来，上下对折，然后用胶水粘起来。如图折叠，将折叠的部分用透明胶带粘住（确保粘贴的时候不要粘到下面一层）。将它分别折叠和展开，就可以得到如图所示的 3 只动物。

也做这个动作。

用其他动作词汇重复这个过程。(留意儿童读字母时一直犯的发音错误,你可以在三阶段课程中纠正这些错误。如果儿童正确读出了这个动作单词,却没有正确地表现这个动作,不要在儿童正在做动作时纠正错误。改天,重复讲解内容,身体力行地做出先前被做错了的动作。)

练习:

(1)用其他动作词重复讲解内容。

(2)说出动作卡盒的名称,并指出其摆放的位置,取出放到桌子上。向孩子演示如何选择一张卡,朗读并做出这个动作。孩子可能希望和另外一个已经完成练习(1)的孩子轮流进行。

第五章

数学活动

概 述

很多人天生就不喜欢数学。同抽象的符号、死板的法则和枯燥的逻辑推理打交道，似乎是无聊之极的追求。但是为了孩子，我们需要克服这些误导性的印象，并学会对数学产生热情和喜爱。我们必须向孩子传达这样的信念——我们都是自己创造数学，而且我们在每次移动、思考、工作或玩耍时都要重新创造它。我们应该让孩子明白，人类本来就要具备数学思维。

什么让我们形成数学思维？这些东西让人琢磨不透，我们把它们想象并经常尝试将其转换成更简单更统一的现象。数学思维的基础，就是这种使这个世界简化或理想化的倾向。

理想是一个仅体现单个特质的假想存在。例如，一个理想正方体，仅呈现有六个相等正方形面的实体形式，然而没有体现其他方面——没有重量、没有颜色、没有质地。每个数学的分支，都可与一个物理特质的理想化状态相联系。形式的理想化状态——如正方体、三角形和球体中，引发了几何学研究。同样，我们可以想到算术是基于数量的理想化状态。我们也可以认为代数是维度的理想化状态，微积分学是运动和变化的理想化状态，而拓扑学是距离的理想化状态。

一旦我们用孤立品质想象出了一个理想模型,但如果不用某些基本智力技能我们无法进一步地了解它。这些技能包括:能够判断相对数量和度数,能够理解正确性并且能够分辨多套和多系列的物品等。我们把这些技能运用于理想型时,会发现其内在形式并为这些形式创造符号,以固定法则记录这些形式。然后,再次碰到世界上纷繁复杂的自然状态时,我们就会发现,自己在利用这些法则来预测或者操控着物体的行为。

所以,我们倾向于简化或理想化这些孤立品质,在深入学习这些品质时,我们就进入到数学领域。在开始数学学习前,儿童必须先做两件事情:探索和接受具备孤立品质的理想化物品;充分锻炼必要的智力技能。

首先,儿童通过早期的感官活动,初步了解了物品的理想化状态和品质的孤立性。你将发现,感官教具都是专为体现孤立品质,如形式、数量、维度、变化和距离,而特别设计的。想一想红色木棒中的理想化维度,以及圆柱体积木的理想化级别。用感官教具让孩子有机会切身体会这些孤立品质,从而获得数学世界理想化状态的实体感。

接着,蒙台梭利儿童将通过实践活动和感官活动的各个方面,来学习基础数学的必要智力技

能。从早期的实践活动，如倒豆子，到更复杂的活动，如扫除木屑，儿童渐渐地获得了在三项基本数学技能——正确性、计算和重复能力等方面的深刻切身体验。这一点体现在儿童更加灵敏地操作实践活动教具，并且在活动开始前就做好准备。感官活动同样锻炼了孩子学习数学所需的基本技能，包括数量或度数的计算（如粉红塔、红色木棒）；理解能力和灵活度的正确性（如圆柱体积木、谷物分类）；类似之处的区分（如颜色板、声音盒）；重复能力（如重量板）；以及系列物品的级别辨认（如棕色梯、触觉片）。大多数的感官活动教具都能锻炼到儿童的多项技能。

这些数学活动被分成5组。下面是这5组活动。

第一组：数字学习。

数字棒、砂纸数字、数字片、纺锤棒、数字与筹码、记忆游戏。

第二组：十进制学习。

有限珠子教具、数字卡片、十进制的功能、复杂数字构成、无限珠子教具（加减乘除）、邮票（加减乘除）、小数点。

第三组：数字十几和几十以及数数。

学习数字十几、学习数字几十、数数。

第四组：算术盘。

接龙游戏、加法条纹盘、减龙游戏、减法条纹盘、减法运算图、乘法表、乘法珠算板、乘法图表、单位除法板、除法图表。

第五组：抽象概念。

短珠架、级别、长珠架、简单除法。

第一组活动介绍了单位数量，并在从1数到10的数数练习中说明其用法。第二组活动介绍了十进制（以十为基础的算术），用珠子体现个位数、十位数、百位数和千位数，让孩子对其有具体化的认识，演示在算术运算法中这些是如何相加的。第三组活动和第二组活动同时进行，让孩子获得用十进制珠子学习个位数、线性区间数、等比级数的计算经验。第四组活动用条纹、加减乘除盘以及珠子实物演示加减乘除，并用表格记录这些运算结果以便儿童记忆。第五组活动是一个抽象概念的过渡过程，帮助孩子掌握算术运算，逐渐摆脱教具实物操作。

与其他蒙台梭利课程规划相同，接着就用三阶段课程（见第一章中"联结学习"的相关内容）进行数学授课：首先，我们先简单地讲述数学经验的相关要素；然后，我们将这些要素与业已形成的概念联系在一起，并指出这些概念的特性；最后，我们通过反复运用深刻了解这个概念。

三阶段课程在这五组活动的整体规划中非常显著。在第一组活动中，儿童学习了作为基本原理的算术基本要素。第二组、第三组、第四组的活动以各种方式集中这些要素以阐明数学的运作方式。第五组活动中，算术成为一个思维应用的过程，儿童不需要在实物的帮助下进行运算。每一组活动都运用了三阶段课程：例如，在第二组活动中，儿童首先通过有形的实物初步体验十进制的基本因素；然后在活动的引导下发现十进制的相互间关系；最后，儿童以符号形式提取并使用十进制的抽象概念。三阶段课程还用于介绍每个练习：展示教具；帮助儿童体验教具的使用方法和目的；并邀请孩子独立地使用教具进行活动。

从上述所列的以斜体标出的活动中，你可以发现这本书仅详细描述了最基本的蒙台梭利活动。本书叙述的所有活动，适用范围为5岁以下的大多数儿童。

因此，要记住数学活动和其他的蒙台梭利活动一样，不是一个根据固定进度进行的教学提纲，而是要让孩子们体验到它是一个轻松的游戏——由孩子来决定进行与否。不应该给孩子任何压力，逼迫他们学习。

同样，当孩子在数学上出错时，大人总是迫不及待地介入并更正错误——这似乎是我们对数学的本能超出了我们的自律。但是在蒙台梭利环境中，你必须忽视错误，因为这会产生一种期望氛围，使得帮助儿童自然成长的蒙台梭利教育法受到负面影响。每次儿童犯错，你必须确定这个错误发生的原因是否是儿童片刻走神或粗心（如果是这样的话，那你就要忽视这个错误，若无其事地继续活动），或者如果这个错误对于正在探索的概念具有根本性的意义（如对术语或构成的混淆）。若是后者，你必须温和地且不动声色地结束这个活动。稍后，在另一个不相干的时间，你可以给孩子上一堂特别的课，让孩子明辨这一被混淆的概念。这意味着倒退到前面一两个活动中去，重新学习必要的基本原理。

第一组活动：数字学习

1. 数字棒

目的： 帮助儿童学习数字的名称，了解这些数字代表着各不相同的数量。帮助孩子记住"1"到"10"的顺序。表明一个数字在数字顺序中占据重要地位。表明数字既可以代表一个质量范围，也可以代表一个各部分相同的统一集合。

教具： 10根木棒，两端截面为（2.5×2.5厘米）正方形，长度以10厘米为增长梯度从10厘米到1米。10厘米的木棒是红色的，而30、50、70和90厘米木棒的两头都是红色的。

讲解：

说出数字棒的名称并指出其摆放的位置。

要求儿童铺好一张地垫并演示如何将木棒随机地摆在垫子上，但所有木棒要相互平行并且所有木棒的红色段都是在最左边。

请孩子用红色木棒搭建一个梯子，确保左边的红色端对齐。

练习：

（1）儿童按照讲解内容搭建木棒梯。

（2）在儿童完成木棒搭建后某一天，用三阶段课程教授木棒所代表的数量名称（见感官活动的三阶段课程授课方式）。不论是处在哪个阶段，儿童每辨认出一根木棒就要数数并说出数字名称（从左到右触摸每一段，说"1，2……"）。

从代表1，2和3的木棒开始，每次都是三个一组，直到孩子学会1~10。如果一个孩子在一节课上难以学会某根木棒的相关内容，那么那根木棒就要出现在下一节课中。

从搭建的梯子上取下相关的木棒作为每堂课的开始，这样木棒所处的顺序就一目了然了。

2. 砂纸数字

目的： 辨认所学的数量以及零这个先前没有碰到过的数量级符号（如书面数字）。

教具： 10块薄板，涂成绿色，每块板上都粘有"0"到"9"之中的一个数字。将这些板竖直地立在一个敞开式的盒子里。

（DIY提示：用绿色的太阳眼镜来做薄板，而不用木板。按照此处所示的无上下端短横线的风格，用多功能刀从索引卡中剪出数字模型，将这些模型放在一张细砂纸的背面，并从砂纸上剪出数字形状。将这些数字砂纸面朝上粘在太阳眼镜的上色面上。)

讲解:

说出砂纸数字的名称并指出其摆放的位置。

你和孩子一起活动手指(见感官活动的活动手指)。

要求儿童铺开一张桌垫并演示如何把整盒的薄板取出放到桌垫上,而不弄乱薄板。

向儿童演示如何用惯用手的食指和中指轻轻地触碰并感觉这些数字,如何用另一只手稳稳地握住薄板,以及如何上身直立靠着椅背双脚着地坐在椅子上。用写出这些数字的动作来触摸。(为了让孩子明白触摸的力度,用你触摸砂纸数字的力度触摸孩子的手臂。)

用三阶段课程教孩子如何把符号与其名称联系起来。不论在哪个阶段,孩子每次辨认出一个符号,就要触摸并说出这个符号的名称。

先学习1,2和3,然后3个一组按顺序学到数字9。如果儿童在这一课无法学会某个数字,那么就在下节课中再加入这个数字。

3. 数字木片(配合使用数字棒)

目的: 将用红色木棒代表的数量名称与其书写符号相联系。让儿童了解如何感知顺序1到10。培养孩子对数量1到10的即刻辨认能力。教会孩子如何进行简单的加法和减法。

教具: 10块小木片,每块木片上都印有一个红色的从1到10

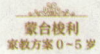

的数字。将这些木片竖直地立在一个敞口盒子里。

数字棒。

讲解：

说出数字木片的名称并指出其摆放的位置。

要求儿童铺好两张相互挨着的地垫，在一张垫子上随机地摆放数字棒，但数字棒之间相互平行，就好像它们正要被用来搭建梯子。

在第二块垫子上，不按顺序地摆出数字木片，面朝上。

介绍"10"这块木片，说出其名称，并让孩子重复该名称，找出相对应的木棒并将木片斜靠在木棒上面，面朝向你。（如有需要，用"10"和另外两个数字进行三阶段课程。）

请孩子另选一块木片，读出上面的数字，找出其相应的木棒并将木片斜靠在木棒上。

请孩子用另外一块重复上述动作，然后让孩子继续，直到10块木片与其相应的木棒都配成对。

练习：

（1）儿童按讲解内容为数字木片和数字棒配对。

（2）将木棒不按次序地摆放在一张垫子上，将木片不按次序地摆放在另一张垫子上，两张垫子相隔一定距离。儿童从放有木片的垫子上，选出一块木片置于垫子的一侧，然后到另一张垫子上寻找相应的木棒，数一下确认木棒是否正确，把木棒带回到放有木片的垫子上放下，再次数这根木棒，并把木片斜靠在木棒上。只要孩子愿意，可以为垫子上的每块木片重复上述动作。

（3）再次将木棒不按次序地摆放在一张垫子上，将木片不按次序地摆放在另一张垫子上，两张垫子相隔一定距离。儿童从放有木棒的垫子上选出一根木棒，不要数它，放在一侧，到另外一张垫子上去寻找相应的木片，将木片带回到放有木棒的垫子上，并数一数木棒的段数确认所选木片是正确的，然后把木片斜靠在木棒上。为每一根木棒重复此程序。

（4）儿童用数字棒在一张垫子上搭建一个阶梯，然后在不远处的垫子上不按次序地摆放数字木片。儿童把单节木棒向前滑出并把"1"木片斜靠在其上面，将"2"木棒向前滑出并把"2"木片斜靠在其右部分，如此反复，直到整个阶梯向前滑出10厘米左右，而且每根木棒上的最右端都标有相应的木片。儿童从1读到10，然后从10读到1，在读数时要指着木片。

（5）在完成了练习（4）的第二天，用搭建好并贴有标签的阶梯继续活动，和孩子一起坐在一张垫子上，告诉孩子你"有新内容要给他看"。

将"10"木棒和靠在它上面的"10"木片往后推到离阶梯30厘米的地方。以同样的方式将"9"木棒和靠在它上面的"9"木片向后推到和"10"木棒约有3~6厘米间隙的地方，两根木棒的左端齐平。然后指出"9"木棒右端的空间提问道："哪根木棒放在这里能使得这两根木棒长度相等？"孩子选出单节木棒及其木片放在"9"木棒的右端。数一数9木棒称之为"10"。然后说明这一相加："9加1等于10"，说话时触碰相应的木棒。

用"8"木棒和"2"木棒重复这整个过程，然后是"7"木棒和"3"木棒，再然后是"6"木棒和"4"木棒，每次都在两根木棒之间留有3~6厘米的间隙，并使它们左端对齐。用"10"木棒作为参照物，看长度是否相同。最后两个5相加等于10，将"5"木棒和其他木棒的左端对齐，然后将其向右翻，这样它又与其他木棒的右端对齐。（不要数这根"5"木棒或者把它的木片斜靠在它上面。）

儿童以同样的方式用两根木棒拼接出与"9"木棒相等的长度，然后是"8"木棒，依次类推至不能用其他木棒拼接获得相同长度的单节木棒。在进行以某根为总数的木棒拼接游戏前，收好比这根木棒所代表的数字大的木棒和木片。

在拆除某根作为总数的木棒和木片时，儿童应该先从拼接木棒中取出一根木棒并描述这种减法，比如说："10减掉3剩下7"，边说边用手触碰相应的木棒。儿童用这种减法方式拆开每组拼接木棒，直到所有的木棒和木片都被收起。

小组游戏：进行了练习（3）后，组织一个或多个孩子，鼓励他们在没有数数的情况下瞬间辨认木棒所代表的数量。给孩子看一根木棒，并问他这是哪个数字，或者反过来，出示一个数字，让孩子在不数数的情况下找到相应的木棒。紧接着，每次都和孩子们一起大声地数着木棒的节数，这样即使孩子出了错，无须大人指出就能得到更正。

蒙爸蒙妈亲子拓展

七巧板数字（1）

用七巧板拼出图中所示的数字，速度越快越好。

七巧板数字（2）

不知你注意没有，图中所给出的数字缺少 8 和 0。试着用七巧板将它们拼出来。

第二组活动：十进制学习

1. 有限珠子教具

目的：让儿童了解十进制的级别（个位、十位、百位和千位）及其相对应的量。阐明每个级别都是前一个级别的 10 倍。从空间维度的感性角度来介绍指数，表明个位数为一个个点，而十位数为一条条线，百位数为一个个正方形，千位数为一个个立方体；因为教具只有一千，用点、线、正方形和立方体的整套教具来解释一个十进制级别，立方体是下一个十进制级别循环的"点"。

教具：一个木制小浅盘上装有：一个有 9 个凹槽且每个凹槽里都有一颗金色单个"单位珠子"的厚木板；一个有 9 根金色十珠棒（"十棒"）的敞口浅盒；一个有 9 个金色百珠正方形（"百正方形"）的敞口深盒；以及一个有金色的千珠立方体（"千立方体"）的类似盒子。

讲解：

说出串珠教具的名称并指出其摆放的位置。

要求儿童铺开一张地垫，向儿童演示如何搬运浅盘，并将其放到垫子上而不翻倒浅盘。

从浅盘中取出一颗珠子放在垫子上。说道:"这是个位一。"请孩子拿着珠子,并和孩子一起察看它。

从浅盘中取出十珠棒放到垫子上。说道:"这是十。"请孩子拿着它,并和孩子一起观察它。说道:"十是由多个单位一组成的;让我们看看是多少个。"和孩子一起大声地数出十珠棒的珠子数量,手上拿着一颗单位珠子挨近比较被数到的珠子。然后说道:"一个十里有十个单位一。"请孩子拿着十珠棒和一颗单位珠子做比较和揣摩。

从浅盘中取出一个百珠正方形放到垫子上。说道:"这是一百。"请孩子拿着它,并和孩子一起观察它。说道:"一百由多个十组成;让我们看看是多少个。"和孩子一起大声地数百珠正方形中的十珠棒数量,拿着一根十珠棒挨近比较每一根被数到的十珠棒。然后说道:"一百里有十个十。"请孩子拿着十珠棒与百珠正方形做比较和揣摩。

从浅盘中取出千珠立方体放到垫子上,说道:"这是一千。"请孩子拿着它,和孩子一起观察,说道:"一千由多个一百组成;让我们看看是多少个。"和孩子一起大声地数出千珠立方体里的百珠正方形数量。然后说道:"一千里有十个一百。"请孩子拿着千珠立方体和百珠正方形做比较和揣摩。

和孩子一起观察单位珠、十珠棒、百珠正方形以及千珠立方体的相对大小和重量。

通过三阶段课程教孩子"个""十""百""千"的名称。

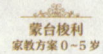

练习：

（1）把所有的单位珠、十珠棒、百珠正方形以及千珠立方体从右到左分类堆放在一张地垫上。从浅盘中取出这三个盒子，但把带有凹槽的单位珠厚木板留在浅盘里。

坐在离垫子1米处向孩子发号施令，例如，要求他们从浅盘里取来"四个十"。当孩子取来它们时，一边摸着教具一边大声地数着："一个十、两个十、三个十、四个十！谢谢你！"要求孩子把这些十珠棒放回到它们所属的堆里。这样重复多次，索要从一到九的个位数、十位数、百位数或者一千的任何数量的珠子教具，但是每次只要同一个级别的数量。教孩子如何把个位珠放到厚木板的凹槽里。如果孩子不能准确地为你取来你要的数量，在开始数之前就说："我忘记了我刚才要了多少？"因而在清点的同时，让儿童知晓错误。

（2）同练习（1）中一样，摆放珠子道具和空的浅盘。

例如将三个百珠正方形放在浅盘里，并问孩子："这是多少？"允许孩子触摸并大声地数数："一百、两百、三百——三百！"向孩子表示感谢并将珠子放回到其所属的堆中。重复多次，分别把一到九的个位数、十位数、百位数以及一千等数量的珠子教具放在浅盘里，但是每次在浅盘里只放一个级别的珠子。用个位数厚木板来装单位珠子。

2. 数字卡

目的： 介绍十进制中各个级别的符号，并把符号的名称与其所拥有的零的个数联系起来。用彩色卡片的形式来增强十进制级别循环的概念。

教具：三十六张数字卡片，卡片上印有如下数字：绿色的"1"到"9"，蓝色的"10"到"90"，红色的"100"到"900"，以及绿色的"1000"到"9000"。个位数卡片的宽度仅仅足够容纳一个数字，而十位数卡片的宽度足够容纳两个数字，依次类推。用带盖的盒子来存放这些卡片。

将"2000"到"9000"的卡片收起来，等到以后再用。

讲解：

说出数字卡片的名称并指出其摆放的位置。

要求儿童铺开一张地垫并教他如何从盒子中取出卡片，每次只取出一个级别的卡片。

单独挑出卡片1、10、100和1000。介绍这些卡片，一张是"个位数一""一十，带一个零""一百，带两个零"以及"一千，带三个零"。用三阶段课程教授这四张卡片的名称："个位数一""一十""一百"和"一千"。

练习：

（1）要求孩子铺开一张地垫，并将数字卡片按顺序叠放，"1"在最上面，依次增大，"1000"在最下面。

在地垫上，和孩子一起读出每张个位数卡片，把卡片叠放在垫子的右边。不要只读"一、二、三……"而是说"个位数一、个位数二、个位数三……"用十位数卡片重复，说道"一个十、二个十、三个十……"把这些卡片叠放在个位数卡片的左边。用

蒙爸蒙妈亲子拓展

数列

你能否找出这个数列的规律,并写出它接下来的几项吗?

百位数卡片重复,说"一百、二百、三百……"把这些卡片叠放在十位数卡片的左边。读出最后一张"一千"的卡片并把它放在百位数卡片的左边。

当你以此方式读完这些卡片,提醒孩子零的个数,指出所有的个位数的后面都没有零,所有的十位数都有一个零,所有的百位数都有两个零,而一千则有三个零。

随机地从任何一叠卡片中挑出一张卡片,问孩子这是什么。

孩子回答道"四十"。再随机地挑选其他卡片重复上述问答。如果孩子不断出错，另选一天再从头开始这个练习。

稍后，孩子按上述步骤一一读出这些级别的数字，并且独自把它们分门别类地叠放。

（2）在孩子把卡片按照从右到左的顺序摆成四叠后，要求孩子找到印有某个数字的卡片。例如说道："请将卡片'三十'递给我。"完成后，孩子又把这张卡片放回到原处。

只要孩子喜欢，可以不断重复，但每次只要求孩子找出一张卡片。

3. 十进制的功能

目的： 表明如果超出某一个级别的九，就进入到下一个更高的级别中去寻找串珠道具和卡片。强调数量的平行级别及其符号。在实践中结合数量和符号，让孩子了解二者的联系。

教具： 串珠教具和数字卡片（"2000"到"9000"的除外）。衬有毡布的托盘若干，每个托盘上都有一个用来装个位数珠子的被子。

讲解：

要求孩子铺开一张地垫并把装有串珠道具的托盘放在垫子上。

指着右边说道："我们必须从垫子的这边开始。"

将9颗单位珠从上到下摆放在垫子的右边，两颗珠子间隔10厘米，一边摆一边数道："一、二、三……"当你完成后，表示已经没有珠子，并提问："九之后是什么？"和孩子一起回答："十。"

一边说道"十个单位一等于一十",一边把一根十珠棒摆放在垫子上。十珠棒最远的那颗珠子在最远的个位珠的左边约15厘米远。将十珠棒摆成由远到近的纵列,每一根的最远端珠子都在下一个单位珠的左边,一边摆一边数:"一个十、两个十、三个十……"完成后,向孩子表明已经没有十珠棒了,并提问:"九个十之后是什么?"和孩子一起回答:"十个十。"

一边说道"十个十等于一百",一边摆下一个百珠正方形,位于最远的十珠棒左边15厘米处。按照上述方式将百珠正方形摆成纵列,一边摆放一边数:"一百、两百、三百……"完成后,向孩子表明已经没有百珠正方形了,并提问:"九百之后是什么?"和孩子一起回答:"十百。"

一边说道"十百等于一千",一边摆下千珠立方体,位于最远的那个百珠正方形左边十五厘米处。数道:"一千。"

把整个布局数一遍,从一到九、从一十到九十、从一百都九百、到一千。

要求孩子在第一张垫子旁边铺开第二张地垫。用与有限珠子教具活动一样的程序和话语,摆好数字卡片:用卡片摆出相应的纵列;表明每个级别的九之后就要进入下一个更高的级别;并在完成布局后从头到尾数一遍。

请孩子用肉眼来比较两张垫子上的排列顺序,并发现它们平行的级别。

告诉孩子如何根据同样的级别顺序将教具放回到相应的盒内,之后请孩子独自搭建这些布局。

练习：

儿童按照讲解内容独自在两张垫子上搭建平行的排列顺序，练习多次。

要求两个或三个有练习（1）经验的孩子合作按照那个练习在两张垫子上排列珠子和卡片，但是要把两张垫子放在房间两头。你自己坐在摆放数字卡片的垫子旁边，发给每个孩子一个带有杯子的托盘，向孩子说明这个杯子是用来装单位珠的。然后把单张卡片放在托盘上，要求孩子从摆放有珠子的垫子上"取来这一数量的珠子"，每个孩子轮流进行。当孩子取来珠子放在托盘上时，大声地数它们。谢谢孩子并要求孩子把卡片和珠子分别放回到原

蒙爸蒙妈亲子拓展

数字卡片

这里有黄红两组数字卡片。请你把它们粘到上面的数字板上，使得横向相邻的两种不同颜色的卡片数字相同。

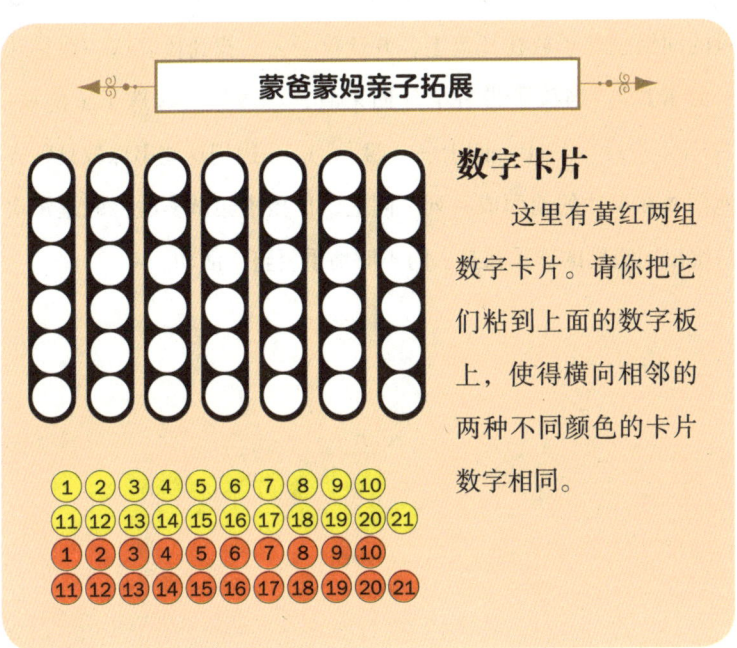

处;跟踪孩子确保他按要求完成。强调准确地将教具放回原处的重要性。给每个孩子多张不同的卡片尝试,但每次只给一张。在接下来的几周内,多次重复整个活动。

　　同练习(2),但是你要坐在摆着珠子的垫子旁边,将一定数量的同级别珠子放在托盘上,并让孩子去"找到代表这一数量珠子的卡片"。当孩子带着卡片回来时,一边数这些珠子(例如:"一十、二十、三十、四十——四十"),一边把这些串珠教具整齐地摆放在卡片的前面成一列。同上,让孩子尝试多次,但是每次只给出同级别的珠子教具。时不时地重复整个活动。

第三组活动：学习数字十几和几十

1. 数字十几

目的： 为了让孩子把"11"到"19"这几个数的名称与其数量及符号联系起来，并且结合数量和符号。

教具： 9根各不相同的珠棒，叫作"短珠阶梯"，按照从1颗珠子到9颗珠子的长度排列，每根棒的颜色不同。用一个带有三角形格子的盒子来装这些珠棒，使其成为阶梯形。

9根金色的十珠棒。

两块高的长方形"十几数字板"，每块分别为5格，每格的上下两边都各钉着一块凸起的狭板。（除了第二块板最下面的那格外）每一格都印着一个大"10"。

9块"数字"片，每块木片上都印有一个"1"到"9"的数字。这些数字片可以被推进"十几数字板"的两块狭板之间以遮住每个"10"的"0"。

预备活动：

（a）说出短珠阶梯的名称，指出其摆放的位置，并且要求孩子铺好一张地垫。向孩子展示任意一根珠棒，要求孩子数这根珠棒，并让孩子说出这个珠棒的颜色名称。介绍其他两根珠棒。利用三阶段课程让孩子学会将数字与珠棒的颜色联系在一起。另选时间用三阶段课程教课，直到孩子不用数仅凭颜色就能够很快地区分这九根珠棒。

（b）教孩子如何在垫子上摆出短珠阶梯，这一阶梯的形状同底边在上的三角形。

讲解：

（1）珠子

要求孩子铺好一张地垫，在其上面摆好短珠阶梯（形同底边在上的三角形），将金色的十珠棒放在垫子上并数一数其中一根金色棒确定它有十颗珠子。

蒙爸蒙妈亲子拓展

4个数

据说，有一种人只知道1，2，3，4这4个数字。

他们只用这4个数字可以组成多少个一位、两位、三位和四位的数？

把数过的十珠棒横放在垫子上,并把短珠阶梯上取下的单位珠放在它的右边。从左到右一颗一颗地数着这根金色棒,当你数到单位珠时,你就说:"11。"

同样(把短珠阶梯中的珠棒添加到十珠棒上),命名、摆放并数出"12"和"13",把它们摆放在垫子上11的前面。十珠棒形成一整齐的列,而短珠阶梯的短珠则在其右延伸。

利用三阶段课程教授这些名称。(一边指一边读出每一个名称;例如,指着十珠棒说"10"然后指着三珠棒说"3"。)

另选一个时间,用三阶段课程教完剩下的直到"19"的数字组合,每次都先摆出孩子已经学过的数。课程结束后,孩子从头到尾数一遍所学的数字。

再选一个时间,多次让孩子用珠子摆出从"11"到"19"的某个数字。

稍后,你不断地用珠子摆出不同的数字,让孩子回答这是多少。

(2)数字板

说出十几数字板和1到9数字片的名称并指出其摆放的位置。把这两块板放在一张地垫上形成一条长长的"10"列,其中有5个"10"的那块板在上面。把数字片以"1"在最上面依次叠放在垫子上。

将数字片"1"推入最上面的那个"10"并且遮住"10"的"0",把所得的数字称为"11"。以同样方式用其他数字片摆在"11"下方的格子里,得到"12"和"13",并读出其名称。

用三阶段课程教这些名称。

另选其他时间，用三阶段课程按照从上到下的顺序教授剩下的直到"19"的数字组合，每次都先摆出孩子已经知道的数字。课程结束后，孩子依次读出所学的数字。

另选其他时间，多次要求孩子用数字板和数字片拼出"11"到"19"中的一个特定数字。（孩子可用任意一块数字板上的"10"。）

而后，你不断地用数字板和数字片拼出不同数字，要求孩子读出这个数字。

（3）结合数字板和珠子

要求孩子铺好一张地垫，在地垫上搭建好短珠阶梯（形同底边在上的三角形），摆出金色十珠棒、十几数字板和1到9数字片（"1"在最上面依次叠放）。

在数字板第一个"10"的旁边，把短珠阶梯上的单位珠摆放在十珠棒的右边，然后用数字片"1"遮住那个"10"的零。说道："11。"以同样的方式在其下完成"12"和"13"，直至"19"。

指着每个珠棒组合及其符号，依次数数。

拆除摆好的布局，然后请孩子重新搭建并依次数数。

练习：

让孩子按照讲解（3）的内容独自摆放珠棒和数字板。

2. 数字几十

目的：为了让孩子将名称"10，20，30，40，50，60，70，80，90"与其所对应的数量及符号联系起来，并教会孩子从1数到 99。

教具：两块高的长方形"几十数字板"，每块分别为 5 格，每格的上下两边都各钉着一块凸起的狭板。在一块板上，5 个格子标有"10""20""30""40"和"50"，而在另外一块板上，最上面的 4 个格子标有"60""70""80"和"90"。

9 张"数字"片，分别印着数字"1"到"9"。可以把数字片推入几十数字板两根狭板中间遮住每个数的"0"。

九根金色十珠棒和十颗金色单位珠装在一个带盖的盒子中。

讲解：

（1）几十数字板和珠子

说出几十数字板的名称并指出其摆放的位置。

让孩子铺好一张地垫，并把几十数字板、数字片和金色十珠棒放在垫子上面。以正确的顺序摆放两张数字板使其构成一列数字。数字片依次叠放，"1"在最上面。

把一根十珠棒放在第一个"10"格子的右边，并说道"10"；添加另一根十珠棒并把这两根棒移至下一格"20"的旁边，说道"20"；添加一根十珠棒并将这三根棒移至下一格"30"的旁边，说道"30"；依次类推，一直到"90"这一格。

把 9 根十珠棒放在数字板的左边，请孩子重复摆出并说出"10"到"90"。如果孩子无法说出其中任何一个的名称，然后利用三阶段课程帮助孩子记住这些名称。

（2）从 1 数到 99

要求孩子铺好一张地垫，并把几十数字板、数字片和金色十珠棒以及零散的单位珠放在垫子上面。将两张几十数字板排成一列，并在其左边 20 厘米处按照递减顺序从远到近摆放一长列的数字片。

把一颗单位珠放在数字片"1"的右边，说道"1"；添加一颗单位珠并把这两个单位珠放到数字片"2"的右边，说道"2"；再添加一个单位珠，并把这三颗单位珠放在数字片"3"的边上，说道"3"；依次类推，一直到"9"。

再添加一颗珠子，但是强调"10 个单位就等于一个 10"，把十颗单位珠换成一根十珠棒，然后把这根棒放在数字板第一个格子"10"的右边，说道"10"。

在十珠棒旁边增加一颗单位珠，将数字片"1"推入数字板遮住零，说道"11"。

在十珠棒和单位珠旁边再增加一颗单位珠，用数字片"2"取代数字片"1"，说道"12"。

每次添加一颗单位珠，并用相应的数字片在数字板上标出这一数字，然后说出这个数字的名称。每当添加第十颗单位珠时，就用这十颗单位珠来交换一根十珠棒，并且把所有的十珠棒推到数字板上下一格数字的右边。

请孩子完成接下来的工作（你在一旁观看），一直数到 99。

练习：

（1）孩子按照讲解（1）的内容用十珠棒和几十数字板进行活动。

（2）孩子按照讲解（2）的内容用单位珠、十珠棒以及几十数字板从1数到99。

（3）某一天，在孩子在地垫上摆好练习（2）所要用的教具后，说出一个在"1"到"99"之中的任意数字，要求孩子摆出相应数量的珠子，然后用几十数字板和数字片拼出这个数字的符号。只要孩子愿意，可以不停地重复。

蒙爸蒙妈亲子拓展

数一数

请你数出下图中有多少个点，你需要多少时间？你能在30秒之内完成这个任务吗？

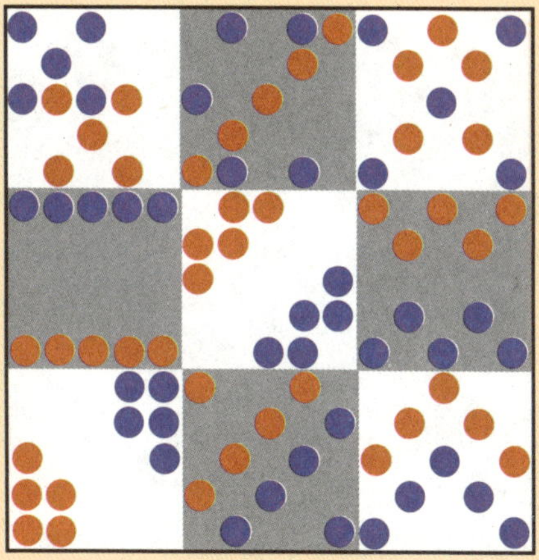